KB075750

불평등과 재분배의 정치학

한국, 미국, 그리고 유럽

【 서울대학교 미국학연구소 미국학총서 ⑯ 】

불평등과 재분배의 정치학

한국, 미국, 그리고 유럽

인 쇄 | 2017년 5월 26일
발 행 | 2017년 5월 30일

지은이 | 장승진 · 서정건 · 임유진 · 오창룡 · 장혜영
발행인 | 부성옥
발행처 | 도서출판 오름
등록번호 | 제2-1548호 (1993. 5. 11)

주 소 | 서울특별시 중구 퇴계로 180-8 서일빌딩 4층
전 화 | (02) 585-9122, 9123 / 팩 스 | (02) 584-7952
E-mail | oruem9123@naver.com
ISBN   978-89-7778-474-1   93340

※ 잘못된 책은 교환해 드립니다.
※ 값은 뒤표지에 있습니다.

이 도서의 국립중앙도서관 출판예정도서목록(CIP)은 서지정
보유통지원시스템 홈페이지(http://seoji.nl.go.kr)와 국가자
료공동목록시스템(http://www.nl.go.kr/kolisnet)에서 이용
하실 수 있습니다. (CIP제어번호: CIP2017012382)

이 저서는 2015학년도 서울대학교 미국학연구소 총서 사업의
지원을 받아 수행된 연구 결과물임.

【 서울대학교 미국학연구소 미국학총서 ⑯ 】

불평등과 재분배의 정치학

한국, 미국, 그리고 유럽

장승진 · 서정건 · 임유진 · 오창룡 · 장혜영 지음

Politics of Inequality and Redistribution

- Korea, Europe, and the United States -

JANG Seung-Jin · SEO Jungkun · LIM Yoojin
OH Changrhyong · CHANG Hyeyoung

ORUEM Publishing House
Seoul, Korea
2017

서문

　　1997년 외환위기 이후 한국사회의 경제적 불평등이 심화되어 왔다는 사실은 다양한 공식적·비공식적 지표를 통해 확인되고 있다. 결과적으로 부자는 갈수록 부자가 되고 가난한 사람은 갈수록 가난해지고 있으며, 그 사이에서 중산층은 공동화되고 있다. 그리고 경제적 불평등은 단순히 경제적 차원의 격차에만 그치는 것이 아니라 높은 범죄율과 사망률의 원인이 되는 한편, 교육기회의 격차 및 계층 이동성 약화 등을 가져오고 나아가 사회적 결속과 신뢰를 저하시키는 다양한 사회 문제를 불러일으키는 요인이다. "흙수저"니 "헬조선"이니 하는 최근 한국사회를 묘사하기 위해 빈번하게 등장하는 표현들은 이러한 암울한 시나리오가 이미 눈앞의 현실로 다가오고 있음을 단적으로 보여주고 있다.

　　물론 경제적 불평등의 심화는 한국만 독특하게 경험하고 있는 현상은 아니다. 세계적 베스트셀러가 된 토마 피케티(Tomas Piketty)의 『21세기 자본론』이 보여주고 있듯이 성장과 국민소득의 상승에 따라 경제적 불평등이 자연스럽게 감소할 것이라는 전통적인 믿음은 오류로 판명되었으며, 전 세계에 걸쳐 수많은 소위 선진국들이 경제적 불평등의 심화와 그로 인한 사회적 불안과 갈등으로 인해 몸살을 앓고 있다. 미국의 트럼프 당선, 영국의 브렉시트(Brexit), 서유럽 각국에서 극우주의 정당이 약진하는 현상 등은 모두 부와 빈곤의 세습이 심화되면서 사회적·경제적 지위 상승이 좌절된 대중들의 불만에 상당 부분 기대고 있다.

물론 경제적 불평등 심화의 근본 원인 중에는 경제구조의 변화가 존재한다. 생산기술이 고도화되고 산업구조가 서비스산업을 중심으로 재편됨에 따라 과거와 같이 대량생산에 기반한 고도성장은 더 이상 불가능한 상황이 되었고, 이는 자연히 고용의 양과 질이 약화되는 결과를 가져왔다. 그러나 경제적 불평등을 단순히 경제구조 변화의 불가피한 결과로 여길 수는 없다. 조지프 스티글리츠(Joseph E. Stiglitz)가 또 다른 세계적 베스트셀러인 『불평등의 대가』에서 웅변하듯이 경제적 불평등은 정치가 실패한 원인이자 결과이며, 그 해법 또한 정치에서 찾을 수밖에 없다. 시장이란 결국 법률과 정치제도에 의해 규정되며, 각각의 법률과 정치제도는 어떤 집단을 희생시켜 또 다른 집단에게 혜택을 제공한다는 점에서 사회적 재화의 분배에 차별적인 영향을 주기 때문이다.

경제적 불평등과 정치 사이의 관계는 다른 관점에서 생각해볼 수 있다. 소득과 재분배에 대한 고전적인 정치경제학 모델에 따르면 대부분의 경우 한 사회의 소득 분포는 편향되어(skewed) 있으며, 따라서 평균소득이 중위소득보다 높기 마련이다. 이 경우 중위투표자(median voter)는 평균보다 낮은 소득을 올리게 되며, 따라서 높은 세율을 부과하여 고소득자들의 소득을 재분배하고자 하는 유인을 가지게 된다. 그리고 이러한 유인은 경제적 불평등이 심화될수록 — 즉, 평균소득과 중위소득 사이의 격차가 커질수록 — 더욱 강화되게 된다. 결과적으로 이론적으로는 경제적 불평등이 심화될수록 조세를 통한 재분배를 추구하는 정치세력이 집권할 가능성이 높아지며, 이는 다시 불평등의 정도를 일정 수준 이하로 완화시키는 역할을 할 것이다.

물론 우리 모두 눈으로 목도하고 있듯이 현실은 이론적 예측과는 다른 방향으로 전개되어 왔다. 이와 같이 현실과 이론적 예측 사이의 간극이 발생하는 원인으로는 크게 두 가지를 들 수 있다. 첫 번째로 유권자들이 선거에서 지지후보 및 정당을 선택하는 데 있어서 재분배와 관련한 선호 외에도 다양한 요인들이 영향을 끼친다는 점이다. 다시 말해서 유권자의 선택은 단순히 재분배의 수준을 둘러싼 일차원적인 공간에서 결정되는 것이 아니라 다양한 정치적·경제적·사회적 이슈들이 상호교차되는(cross-cutting) 다차원적인 공간에서 이루어진다는 것이다.

두 번째로 현실에서 존재하는 민주주의 정책결정과정은 단순한 다수결의 논리가 관철되기보다는 보다 복잡하고 다층적인 제도적 맥락(institutional contexts) 속에서 이루어진다는 점을 들 수 있다. 유권자의 선택은 결국 그들에게 주어진 선택지의 범위 내에서 그리고 선택을 내리기 위한 절차와 규칙하에서만 가능하다는 점에서, 각국의 선거제도 그리고 의회정치 및 정당정치의 구체적인 양태는 유권자들이 경제적 불평등과 재분배에 대해 가지고 있는 선호가 실제 정책에 반영되는 정도와 시기에 결정적인 영향을 줄 수밖에 없다.

이 책은 바로 이와 같이 이론적 예측과 현실 사이에 간극이 발생하는 이유, 그리고 그러한 간극의 정도가 국가별로 다르게 나타나는 원인을 다루고 있다. 이 책의 각 장은 경제적 불평등 및 재분배에 대한 유권자들의 선호가 국가마다 어떻게 차이가 나는지, 그리고 각국의 정치제도와 정책결정과정의 특징이 경제적 불평등에 대응하기 위한 노력의 방식과 성패에 어떠한 영향을 끼치는지를 한국, 미국, 유럽의 다양한 사례들을 통해 살펴보고 있다. 이러한 작업을 통해 이 책이 추구하는 궁극적인 목표는 경제적 불평등을 완화하기 위한 한국의 노력과 성과를 객관적으로 평가하고 그 한계와 대안을 모색하기 위한 이론적·경험적 함의를 제공하는 데 있다.

먼저 제1장에서는 한국과 미국, 그리고 유럽의 유권자들 사이에서 경제적 불평등에 대한 인식과 증세 및 복지확대를 위한 정책변화에 대한 태도가 어떠한 공통점과 상이점을 보이는지 분석한다. 대의제민주주의하에서 정책결정의 근본적인 힘은 대중들의 선호에서 비롯한다고 했을 때, 제1장의 논의는 이후의 제도적 차원의 비교연구를 위한 배경을 제공하는 역할을 수행한다. 분석 결과는 각국이 상이한 복지제도의 전통과 제도를 갖추고 있느니만큼 일반 유권자들이 소득 불평등의 심각성 및 이와 관련한 정부의 역할에 대해 서로 다른 인식을 가지고 있다는 사실을 잘 보여주고 있다. 특히 다른 나라의 대중들에 비해 한국인들은 소득불평등이 상대적으로 덜 심각하다고 생각함에도 불구하고 동시에 사람들의 삶에 보다 적극적으로 정부가 개입할 것을 요구하는 독특한 모습을 드러냈다. 이러한 이중적인 태도의 이유로는 첫 번째로 소득불평등과 복지 및 재분배와 관련한 태도가 이념적으로 구조화되지 못한 상태로 남아 있다는 점과, 두 번째로는 한국인들이 요구하는 정부의 경제적 역할이 여전히 고용창출 및 국가경쟁력의 강화 차원의 산업정책에 머무르고 있다는 점 등을 들 수 있다.

제2장과 제3장은 경제적 불평등 심화라는 문제와 관련하여 대의 제민주주의의 가장 핵심적인 제도라고 할 수 있는 의회와 정당의 역할에 대해 다루고 있다. 먼저 제2장에서는 한국의 제18대 국회와 미국의 제112대 의회를 사례로 소득불평등 이슈에 대해 양국의 의회와 정당이 어떻게 대응하고 있는지 살펴보고 있다. 한국과 미국 사이에는 소득불평등의 원인과 해결책에 대한 대중들의 인식에 있어서, 그리고 의회와 정당이 운영되는 구체적인 제도와 맥락에 있어서 상당한 차이가 존재함에도 불구하고, 양국 모두 현재 보수와 진보라는 이념적 차이가 점점 커지고 있으며 결과적으로 의원들이 소득불평등 문제를 다루는 데 있어서 상당히 유사한 측면들이 있다는 점이 드러났다. 다만 한국의 경우 전통적으로 평등 사회에 대한 가치가 중요시되어 왔고 미국과 달리 건국 이후 줄곧 정부의 적극적 역할이 당연시되어 온 경향이 컸던 만큼 의회에서 다루어진 소득불평등 관련 법안의 숫자도 훨씬 많았으며 그 내용과 주제 또한 상당히 광범위했다.

제3장에서는 한국과 미국에서 나타난 복지개혁의 차이를 양국의

정당정치를 통해 이해하고 있다. 한국과 미국 두 나라에서 모두 진보적 성향의 정부가 경제위기 이후 발생한 경제적 불평등의 심화에 대한 정책적 대응으로서 복지개혁을 추진했으나 상이한 결과를 낳았다. 한국에서는 국민연금의 장기적 재정안정성을 확보하기 위한 목적으로 시작된 국민연금개혁이 개인의 기여와는 무관하게 사회수당적 성격을 갖는 기초노령연금 도입으로 이어지면서 오히려 보편적 복지가 일정 부분 제도화되는 계기가 마련되었지만, 미국에서는 의료사각지대 해소를 위해 추진한 의료보험개혁이 절반의 성공에 머무르고 말았다. 분석 결과에 따르면 이러한 두 나라 사이의 차이는 무엇보다도 복지개혁 과정에서 나타난 정당 간 경쟁의 차이에서 비롯되었다. 보다 구체적으로 한국에서는 제17대 국회에서 민주노동당의 등장 이후 이념적 차이에도 불구하고 복지 이슈에 있어서는 당파성에 상관없는 정책적 수렴이 일어난 반면에, 미국에서는 경제위기 이후 정치적 양극화는 더욱 악화되었으며 이러한 이념적 갈등의 증대는 의회 내에서 과감한 복지개혁을 채택을 어렵게 만들었다는 것이다.

지금까지의 논의가 주로 한국과 미국에 초점을 맞추어 경제적 불평등과 관련한 일반적인 정치제도의 동학(dynamics)을 다루었다면, 제4장은 유럽의 사례를 다루고 있다는 점에서나 혹은 소위 "부유세"라는 특정한 조세정책의 도입을 둘러싸고 벌어진 일련의 과정에 초점을 맞추고 있다는 점에서나 이전까지의 장과는 차별적인 그러나 보완적인 분석을 제공하고 있다. 2012년 프랑스 대선에서 승리한 프랑수아 올랑드(Francois Hollande)는 집권 직후 기존의 소득세 과세지표에 45% 및

75% 세율을 적용하는 2개의 구간을 추가하는 부자증세 개혁을 추진하였다. 이미 광의의 부유세를 시행하고 있었던 유럽에서도 75%의 과세지표는 전례 없이 높은 수치였기 때문에 프랑스의 시도는 국내뿐만 아니라 전 세계적인 이목을 끌었으나, 결과적으로 여러 가지 한계를 노정하며 원래의 취지에서 상당히 후퇴하고 말았다. 제4장에서는 2000년대 이후 프랑스의 정치 지형에서 경제적 불평등 이슈가 부유세 도입을 포함한 조세개혁 문제로 수렴되는 과정, 그리고 이러한 시도가 사회적 반발과 저항에 직면하면서 후퇴하게 되는 과정을 미시적으로 추적함으로써 복지재원을 마련하기 위한 부자증세 필요성에 대한 논란이 벌어지고 있는 한국의 상황에 대한 시사점을 모색하고 있다.

마지막으로 제5장은 경제적 불평등을 도시정치라는 다소 생소하지만 간과할 수 없는 새로운 시각에서 다루고 있다. 그동안의 불평등 연구는 중앙정부 차원을 중심으로 이루어졌을 뿐 한 국가 내에서 지역 혹은 도시 사이에 나타날 수 있는 경제적 격차 및 이를 해소하기 위한 지방정부의 노력에 대한 연구는 상대적으로 제한적이었다. 그러나 도시는 단순한 중앙정부정책의 전달자이기만 한 것이 아니라 스스로 적극적인 정치적 행위자이기도 하며, 경제적 불평등 문제 또한 진공상태에 존재하는 개인 및 사회집단들 사이의 문제인 것이 아니라 물리적으로 실재하는 지역 간 공간적 문제이기도 한 것이다. 이러한 관점에서 제5장은 지방정치(local politics)의 핵심 행위자인 시장의 리더십 유형에 주목하여 미국 디트로이트와 한국의 서울에서 도시의 경제적 불평등을 해소하기 위해 어떠한 정책이 선택되고 어떠한 결과를 가져왔는지 살펴본다. 특히 도시가 직면하는 경제적 불평등을 단순히 소득재분배라는 복지정책 중심의 접근이 아닌 지역의 경제 활성화를 통한 점진적 해소라는 방향을 채택하였다는 점에서 디트로이트와 서울시장의 정책 비교는 시장의 정책 방향에 따라 결과가 달라질 수 있음을 확인할 수 있다.

사실 이 책이 기획된 지는 상당한 시일이 흘렀지만 여러 가지 사정으로 인해 출판이 지연되었다. 결과적으로 각 장의 저자들이 글을 쓸 때의 시점과 독자가 이 책을 읽을 때의 시점 사이에는 일정한 간극이 존재할 수 있다. 물론 각 장의 저자들은 주어진 기간 내에 집필을 완료했으나, 정작 원고를 수합·편집·정리해야 하는 역할에 충실하지 못했던 것이 지연의 가장 큰 이유였다는 점을 솔직하게 고백한다. 이 책의 집필 이후의 변화에 대해서 혹은 이 책에서 충분하게 다루어지지 못한 부분에 대해서는 다양한 개인적·집단적 후속 연구를 기대해본다. 마지막으로 이 책을 기획하고 집필하는 데 큰 도움을 준 서울대학교 미국학연구소와 한국정당학회에 감사의 말씀을 전한다.

저자들을 대표하여
장승진

... 차 례

Contents

제 *1* 장

불평등 인식과 정부의 역할:
한국, 미국, 유럽 대중들의 인식 비교

❖

장승진
국민대학교

불평등 인식과 정부의 역할:
한국, 미국, 유럽 대중들의 인식 비교

I. 서론

1997년 외환위기를 겪으면서 급격히 악화된 한국의 소득불평등 수준은 이후에도 꾸준하게 증가하여 시장소득 기준으로 1998년 0.293이었던 지니(Gini)계수는 2014년 현재 0.308로 외환위기 직후보다도 오히려 높은 수준을 유지하고 있다.[1] 더구나 최근의 몇몇 연구는 한국의 소득분배 지표가 실제 불평등 수준을 상당히 과소 평가하고 있으며, 고소득자의 누락과 금융소득 등에 대한 과소 보고 등을 보정한다면 한국의 소득불평등은 그동안 알려진 것보다도 훨씬 더 심각한 상황이라고 주장하고 있다(김낙년 2013; 김낙년·김종일

---

[1] 참고로 한국의 지니계수는 2008년의 경제위기 직후인 2009년 0.32로 최고점을 기록하였으며, 이후 완만한 감소 추세를 보이고 있다.

2013). 그러나 정작 한국사회의 소득불평등을 완화하기 위한 정치적 노력은 지지부진한 상태이다. 2010년 지방선거를 기점으로 복지 및 경제민주화 관련 의제는 매 선거마다 제기되고 있기는 하지만, 정작 제도적으로 실현된 것은 별로 찾아보기 어려운 것이 사실이다.

물론 소득불평등의 심화는 한국만이 겪고 있는 독특한 현상은 아니다. 최근 OECD가 발표한 보고서에 따르면 현재 OECD 국가들에서 나타나고 있는 고소득층과 저소득층 사이의 격차는 지난 30년 이래 가장 높은 수준이며,[2] 높은 소득불평등은 노동생산성을 하락시킴으로써 경제성장에도 부정적인 영향을 끼치는 주된 원인 중의 하나라고 지적하고 있다(Cingano 2014). 그러나 소득불평등을 완화하기 위한 각국의 정치적 노력은 서로 상이한 형태로 이루어지고 있으며, 그 성과에 있어서도 차이가 크다. 물론 이러한 국가 간 차이는 수많은 정치적·제도적 요인의 상호작용에서 비롯된 것이지만, 대의제민주주의하에서 정책결정의 근본적인 동력은 대중들의 선호에서 비롯된다는 점에서 각국의 대중들이 소득불평등의 심각성과 이를 완화하기 위한 정부의 적절한 역할에 대해 어떠한 태도를 가지고 있는가 또한 중요한 영향을 끼쳤을 것이라고 예상할 수 있다.

이러한 문제의식에서 본 장에서는 한국과 미국, 그리고 유럽의 대중들이 소득불평등의 심각성과 이를 해결하기 위한 정부의 역할과 관련하여 어떠한 태도를 가지고 있으며, 특히 다른 국가에 비해 한국인들이 이 문제와 관련하여 가지고 있는 태도가 어떠한 보편성과 특수성

---

2) OECD 회원국 사이에서 상위 10%에 속하는 고소득자들은 하위 10%의 저소득자들에 비해 평균 약 9.5배의 소득을 올리는 것으로 조사되었다. 한국의 경우 상위 10%와 하위 10% 사이의 소득 비율이 10을 넘어서는 것으로 조사되었다.

을 가지고 있는지 살펴보고자 한다. 한국은 고도성장 기간 동안 저부담·저복지체제를 유지해 오다가 최근에 들어서야 저부담체제로부터 탈피하여 복지프로그램을 확대하고자 하는 노력이 시작되고 있다. 그러한 점에서, 일반 대중들 사이에 소득불평등의 심각성 및 이와 관련한 정부의 역할을 두고 어떠한 형태의 갈등 혹은 합의가 존재하는가를 살펴보는 것은, 앞으로 한국의 복지국가를 어떠한 방향으로 이끌어갈 것인가를 고려하는 데 있어서 필수적인 작업이라고 할 수 있다. 또한 한국과 미국, 그리고 유럽의 대중들이 가지고 있는 복지 및 재분배에 대한 태도에 대해 살펴보는 것은, 이후의 장에서 의회, 정당, 조세, 도시정치경제 등 각 영역에 걸쳐 나타나는 각국의 정치적 동학(dynamics)을 이해하기 위한 기본적인 배경으로서의 의미 역시 가지고 있다고 할 수 있다.

II. 기존 연구의 검토

에스핑-앤더슨(Esping-Andersen 1990)은 유럽과 북미의 국가들을 대상으로 복지국가의 세 가지 유형(regime)을 구분하였다. 먼저 스웨덴을 비롯한 스칸디나비아 국가들에서 대표적으로 발견할 수 있는 사회민주주의(social democratic) 모델은 보편주의(universalism) 원칙에 기반하여 국가가 대부분의 시민들에게 재화와 서비스를 제공하는 체제를 의미한다. 즉, 개인이 시장에서 버는 임금에 의존하지 않고 공적 부조를 통해 일정한 생활수준을 유지할 수 있는 탈상품화(decommodification)의 정도가 가장 높은 체제이다.

두 번째로 미국이 대표하는 자유주의(liberalism) 모델은 고전적 의미의 자본주의에 가장 부합하는 체제로서 국가의 역할이 경제적 약자에 대한 제한적인 지원(means-tested benefits)에 그친다. 대신에 개인의 책임과 시장에서의 자원 배분이 중심을 이루기 때문에 국가를 통한 탈상품화의 정도가 가장 낮으며 사회계층화(stratification) 수준이 가장 높은 체제를 의미한다.

마지막으로 독일을 비롯한 유럽의 많은 나라들이 취하고 있는 보수주의/조합주의(conservative/corporatist) 모델의 경우 사회보험(social insurance)을 통해 직업별·계층별로 차별화된 복지혜택을 제공하며, 시장이 주변적인 역할을 담당하는 대신에 가족의 역할이 중심을 이루며 국가가 이를 보완하는(subsidiarity) 체제를 의미한다. 따라서 보수주의/조합주의 모델의 경우 중간 수준의 탈상품화와 높은 수준의 사회계층화를 특징으로 한다.

물론 이후 여러 가지 측면에서 비판과 수정 그리고 보완을 겪게 되지만(e.g., Arts and Gelissen 2002; Ferragina and Seeleib-Kaiser 2011), 에스핑-앤더슨의 유형화는 각국에서 발견되는 다양한 복지 및 재분배 정책들을 일정한 제도적 장치(institutional arrangements)의 묶음으로 이해할 수 있는 틀을 제공했다는 점에서 중요한 출발점이 될 수 있다. 그리고 이러한 제도적 장치는 사회 내 일반 대중들의 선호와 이해관계를 반영하는 동시에 자원 배분에 있어서 특정한 결과를 가져옴으로써 다시 대중들의 선호와 이해관계에 영향을 준다. 결과적으로 서로 다른 유형의 복지체제는 경제적 불평등 및 재분배와 관련한 대중들의 상이한 태도와 연관되어 있다고 할 수 있다(Andress and Heien 2001; Svallfors 1997; 2003; 백정미·주은선·김은지 2008). 실제로 경험적 연구에 따르면 유럽의 대중들에 비해 미국인들은 복지 및 재분배정책에 대해 훨씬 낮은 지지를 보내고 있으며(Alesina and Glaeser 2004; Edlund 1999), 이러한 차이는 단순히 경제상황이나 정치제도로 환원되지 않는 문화적인 측면을 반영하고 있다(Luttmer and Singhal 2011).

그렇다면 오랫동안 저부담·저복지체제를 유지해 오다가 최근 들어 저부담체제로부터의 탈피와 복지프로그램의 확대를 둘러싼 논란을 겪고 있는 한국의 경우 복지 및 재분배와 관련하여 어떠한 사회적 합의 혹은 갈등이 존재하는가? 지금까지 이루어진 연구는 한국인들이 복지 및 재분배와 관련하여 가지고 있는 태도가 계급과 계층에 의해 분화되어 있지 않으며, 복지확대에 대한 막연하고 추상적인 지지에도 불구하고 구체적인 프로그램 확대를 위한 비용부담에는 매우 소극적이라는 이중적인 모습을 보인다는 점을 확인하고 있다(김영순·여유진 2011; 김희자 2013; 이성균 2002; 최 균·류진석 2000). 이와 더불어 최근에는 단순히 한국인들의 태도에서 드러나는 현상적인 특징을 기술하는 것을 넘어서 보다 구체적으로 기존 북미와 유럽의 국가들을 대상으로 대중들의 복지 및 재분배 관련 선호에 영향을 끼치는 것으로 발견된 여러 가지 요인들이 한국인들에게도 마찬가지로 작용하는지 검증하는 연구들이 나타나고 있다(김신영 2010; 이승희·권혁용 2009; 이현우 2013; 조정인 2012; 2014).

그러나 소수의 예를 제외하고는(백정미·주은선·김은지 2008; 이현우 2013) 지금까지의 대부분의 연구는 한국인들의 태도를 다른 유형의 복지체제에 속하는 국가들과 비교하여 분석한 예를 찾아보기 어렵다. 한국은 복지와 관련한 이슈가 본격적으로 제기된 역사가 짧고 이와 관련하여 축적된 자료가 부족하기 때문에 다른 국가와의 비교 연구를 통해 한국인들의 태도가 가지는 보편성과 특수성을 밝히는 노력이 매우 중요한 의미를 가질 수 있다. 또한 앞서 논의했듯이 제도적 장치와 대중들의 선호 및 이해관계 사이의 상호작용을 통해 한 국가의 복지체제가 형성된다는 점에서 한국인들의 태도를 다른 복지체제에 속하는 국가의 대중들과 비교하는 것은 단순히 특정한 시점에 한국인들이 어떠한 태도를 가지고 있는가를 서술하는 것을 넘어서 앞으로 한국의 새로운 복지체제의 발전경로를 가늠하는 데 반드시 필요한 시도라고 할 수 있다.

III. 소득불평등과 정부의 역할에 대한 한국·미국·유럽 대중들의 태도: 기술적 분석

한국, 미국, 그리고 유럽의 대중들이 복지 및 재분배와 관련하여 어떠한 태도를 가지고 있는가를 살펴보기 위해 여기에서는 제6차 세계가치조사(World Value Survey)를 사용한다. 세계가치조사는 1981년부터 1984년 사이의 제1차 조사를 시작으로 다양한 정치적·경제적·사회적 쟁점에 대한 일반 대중들의 생각을 주기적으로 측정해왔으며, 여러 국가에 걸쳐 동일한 설문을 시행함으로써 대중들의 선호와 태도가 국가별로 그리고 지역별로 어떻게 다르게 나타나는지 살펴보기에 적합하다. 제6차 조사는 2010년부터 2014년 사이에 전 세계 59개 국가를 대상으로 실시되었으며, 본 연구에서는 이 중 한국과 미국, 그리고 독일과 스웨덴에 해당하는 자료에 초점을 맞추어 분석을 실시한다. 미국은 자유주의 복지체제의 대표적인 예이며,

독일과 스웨덴은 각기 보수주의/조합주의 복지체제와 사회민주주의 복지체제를 대표하는 사례라고 할 수 있다(Esping-Andersen 1990).

본 연구에서 주목하는 첫 번째 변수는 과연 각국의 대중들이 소득불평등이 얼마나 심각하다고 인식하는가이다. 구체적으로 세계가치조사에서는 "개인의 노력을 유인하기 위해서 소득격차가 보다 커질 필요가 있다"와 "소득이 보다 평등해져야 한다"라는 두 진술을 제시하고 응답자가 둘 중 어느 것에 동의하는지를 1부터 10까지의 척도를 통해 측정하였다. 자본주의하에서 능력과 노력에 따른 소득격차가 발생하는 것 자체는 당연한 것이지만, 이러한 격차가 사회적으로 바람직한 수준 이상으로 심각하다는 인식은 소득이 보다 평등해져야 한다는 대답으로 이어질 것이라고 예상할 수 있다. 반면에 소득격차가 오히려 커질 필요가 있다는 대답은 현재의 소득불평등 수준이 그리 심각하지 않다는 인식을 반영한다고 할 수 있다. 결과적으로 값이 커질수록 소득이 보다 평등해져야 한다는, 즉 현재의 소득불평등이 심각한 수준이라는 인식을 의미한다.

두 번째 변수는 소득불평등을 완화하기 위한 정부의 역할에 대해 어떠한 태도를 보이는가이다. 구체적으로 세계가치조사에서는 "사람들 스스로가 자신의 생계를 위해 보다 큰 책임을 져야 한다"와 "모든 사람들의 적절한 생계를 보장하기 위해 정부가 보다 큰 책임을 져야 한다"라는 두 진술[3])을 제시하고 응답자가 둘 중 어느 것에 보다 동의하는가를 역시 10점 척도를 통해 측정하였다. 물론 설문에 사용된 진술이

---

3) 정확한 영문 표현은 "People should take more responsibility to provide for themselves"와 "Government should take more responsibility to ensure that everyone is provided for"이다.

명시적으로 소득불평등이라는 표현을 사용하고 있지는 않지만, 모든 사람들의 적절한 생계를 보장한다는 것은 결국 저소득층에게도 일정한 수준의 소득과 경제적 안정을 제공한다는 것을 의미한다는 점에서 넓은 의미에서 소득불평등의 완화를 위한 서로 다른 접근을 제시하고 있다고 할 수 있다. 결과적으로 값이 커질수록 소득불평등 완화를 위해 정부가 보다 적극적인 역할을 수행해야 한다는 태도를 의미한다.

〈그림 1-1〉과 〈그림 1-2〉는 각기 소득불평등의 심각성과 이를 완화하기 위한 정부의 역할에 대한 태도가 한국과 미국, 독일, 스웨덴 사이에 어떻게 다르게 나타나는지 보여주고 있다. 우선 소득불평등의 심각성과 관련하여 한국인들은 평균 4.61점을 기록하여 미국이나 유럽의 대중들에 비해 상대적으로 소득불평등이 그리 심각하지 않다고 생

○ 그림 1-1　　소득불평등의 심각성에 대한 대중들의 인식 비교

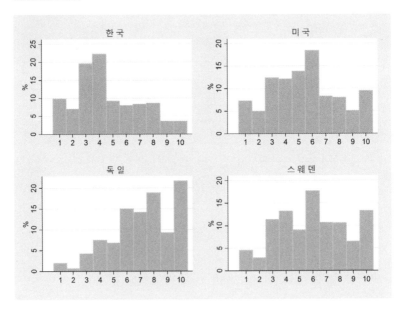

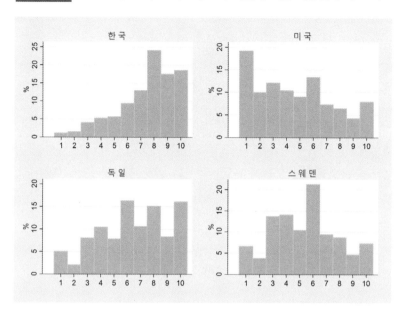

각하는 것으로 나타났다. 보다 구체적으로 응답자의 67.84%가 상대적으로 소득격차가 오히려 더 확대될 필요가 있다는 1~5점을 선택하였다. 소득이 보다 평등해져야 한다는 의견이 가장 높은 것은 독일인들로서 응답자의 21%만이 1~5점을 선택하였으며(평균 7.20점), 스웨덴(평균 6.01점)과 미국(평균 5.46점)이 그 뒤를 이었다. 흥미로운 것은 보편주의 원칙에 기반한 사회민주주의 복지체제를 채택하고 있는 스웨덴의 대중들 사이에서 소득이 보다 평등해져야 한다는 응답이 예상만큼 높지는 않은 것으로 나타났다는 점이다. 그러나 이러한 스웨덴인들의 인식은 소득불평등을 긍정한다기보다는 오히려 이미 잘 발달된 복지 및 재분배제도가 현재 시행되고 있다는 현실을 반영하는 것으로 보아야 할 것이다.

〈그림 1-2〉에서 나타난 소득불평등을 완화하기 위한 정부의 역할에 대한 태도는 〈그림 1-1〉과는 사뭇 다른 패턴을 보여주고 있다. 무엇보다도 소득불평등이 심각하지 않다고 대답한 비율이 가장 높았던 한국인들이 역설적으로도 가장 적극적으로 정부의 역할을 주문하는 것으로 나타났다. 무려 응답자의 82.38%가 정부의 보다 큰 역할을 강조하는 6~10점을 선택하였으며, 평균 점수는 7.48점에 달했다. 반면에 소득이 보다 평등해져야 한다는 의견이 가장 높았던 독일의 경우, 평균 6.44점으로서 오히려 한국인들보다 낮은 점수를 기록하였다. 정부의 역할을 강조하는 비율이 가장 낮은 것은 미국인들로서 유일하게 과반수의 응답자가 개인 각자의 책임을 강조하는 입장을 취했으며, 평균 점수는 4.63점을 기록하였다. 스웨덴의 경우 평균 5.42점으로 정부의 보다 큰 역할을 강조하는 입장과 개인 각자의 노력을 강조하는 입장이 어느 정도 균형을 이루고 있었다.

〈그림 1-1〉과 〈그림 1-2〉를 종합했을 때 가장 눈에 띄는 것은 한국인들이 소득불평등의 현실과 해법과 관련하여 가지고 있는 이중적인 태도라고 할 수 있다. 독일과 스웨덴의 대중들은 소득이 보다 평등해져야 한다고 생각하는 동시에 이를 위한 정부의 적극적인 역할이 필요하다고 생각하고 있다. 이와는 반대로 미국인들은 소득불평등의 심각성에 대한 인식이 그리 높지 않은 만큼 개인의 생계를 해결하기 위한 정부의 역할 확대에 대해서도 부정적이다. 그러나 한국인들의 경우 과반수가 소득격차가 오히려 더욱 확대될 필요가 있다고 생각하면서도 이와 동시에 개인의 경제적 안정을 위한 정부의 적극적인 역할에 대해서는 절대 다수가 지지하는 매우 이중적인 모습을 보여주고 있다. 실제로 미국과 독일, 스웨덴의 경우 〈그림 1-1〉과 〈그림 1-2〉의 두 변수 사이의 상관계수(correlation coefficient)가 각기 0.44, 0.33,

0.42에 달하지만 한국인들 사이에서는 두 변수 간의 상관계수가 0.14에 그치고 있다. 즉, 한국인들이 가지고 있는 소득불평등의 심각성에 대한 인식과 정부에 기대하는 역할 사이에는 상당한 간극이 존재한다고 할 수 있다.

　이러한 한국인들의 이중적인 태도는 그 자체로서도 흥미로울 뿐만 아니라 한국인들이 소득불평등을 바라보는 태도가 가지는 또 다른 특징, 즉 한국인들이 소득불평등 및 정부의 역할에 대해 가지고 있는 태도가 이념적으로 구조화되어 있지 않을 가능성을 제기한다. 정치이념은 기본적으로 사회가 지향해야 할 모습과 그것을 달성하기 위한 적절한 방법에 대한 신념체계를 의미한다는 점에서(Erikson and Tedin 2011, 72), 소득불평등과 관련한 태도가 이념성향과 강한 상관관계를 가질수록 현실에 대한 진단과 처방 사이의 논리적 일관성이 보다 강하게 나타날 것이라고 예상할 수 있다. 반면에 낮은 상관관계는 소득불평등과 관련한 태도가 이념적으로 구조화되어 있지 않다는 것을 의미하며, 이는 다시 ─한국인의 경우와 같이─ 소득불평등의 심각성에 대한 인식과 정부의 역할에 태도 사이의 이중적인 태도가 나타날 수 있는 배경을 제공해줄 수 있다. 이러한 예상을 확인하기 위해 〈그림 1-3〉의 각 그래프는 국가별로 응답자의 좌-우 이념성향[4]에 따라 두 변수의 분포와 중간값이 어떻게 달라지는지 표시하고 있다.

　무엇보다도 눈에 띄는 사실은 소득불평등의 심각성과 정부의 역할에 대한 한국인들의 태도는 응답자의 좌-우 이념성향 사이의 상관관

[4) 세계가치조사에서는 응답자의 좌-우 이념성향이 10점 척도를 사용하여 측정되었으며, 값이 커질수록 보다 우파성향의 이념을 가졌다는 것을 의미한다. 다만 〈그림 1-3〉에서는 논의의 편의를 위해 10점 척도의 이념성향을 좌파성향(1~4), 중도성향(5~6), 그리고 우파성향(7~10)으로 범주화하여 사용하였다.

● 그림 1-3   이념성향에 따른 소득불평등과 정부의 역할에 대한 태도

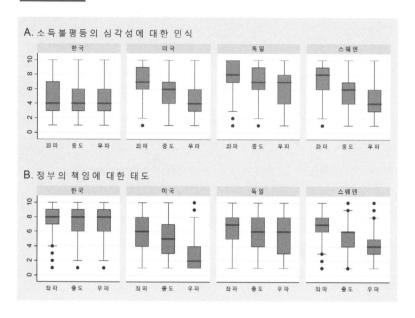

계가 상대적으로 그리 크지 않다는 점이다. 미국과 스웨덴의 대중들 사이에서는 좌파성향의 응답자일수록 소득이 보다 평등해져야 하며 이를 위해 정부가 보다 큰 역할을 해야 한다고 대답하는 비율이 눈에 띄게 늘어남으로써 우파성향 응답자와 명확한 대비를 이루고 있다. 독일인들 사이에서도 미국과 스웨덴에 비해서는 덜 하지만 한국인들보다는 이념성향에 따른 소득불평등과 관련한 태도의 차이가 어느 정도 나타났다. 그러나 한국의 경우 소득불평등의 심각성에 대한 인식이나 정부의 역할에 대한 태도는 좌파성향의 응답자들이나 우파성향의 응답자들 사이에서 그리 큰 차이가 나타나지 않았다. 실제로 좌-우 이념성향과 소득불평등의 심각성에 대한 인식 사이의 상관계수는 미국 응답자들 사이에서는 -0.41, 스웨덴 응답자들 사이에서는 -0.50, 독일 응답

불평등과 재분배의 정치학

자들 사이에서는 -0.22였지만, 한국 응답자들 사이에서는 -0.11에 그쳤다. 마찬가지로 한국 응답자들 사이에서 좌-우 이념성향과 정부의 역할에 대한 태도 사이의 상관계수는 -0.16에 그침으로써 미국의 -0.41 과 스웨덴의 -0.51에 비해 상당히 낮은 수준으로 나타났다.

IV. 소득불평등과 정부의 역할에 대한 태도의 결정요인

그렇다면 한국인들이 소득불평등과 관련하여 가지고 있는 이중적인 태도는 어디에서 유래하는 것인가? 만일 좌-우 이념성향이 끼치는 영향력이 상대적으로 미약하다면, 과연 다른 어떤 요인이 한국인들이 소득불평등과 관련하여 가지고 있는 태도에 중요한 영향을 끼치는가? 혹은 보다 일반적으로 소득불평등과 정부의 역할에 대한 유권자들의 태도는 어떠한 요인에 의해 영향받으며, 이러한 영향은 국가별로 어떠한 편차를 보이는가? 이러한 질문에 대답하기 위해 세계가치조사에서 제공되는 일련의 변수들을 활용한 통계분석을 실시하였다.

소득불평등과 관련한 태도에 영향을 끼칠 것이라고 예상되는 첫 번째 요인으로는 무엇보다도 응답자의 좌-우 이념성향을 들 수 있다. 일반적으로 좌파 혹은 진보적 이념성향이 경쟁보다는 평등을 중시하고 정부의 시장 개입을 지지하는 태도와 친화성을 가진다는 점에서 좌파 성향의 응답자일수록 소득이 보다 평등해져야 한다고 믿으며 개인의 경제적 안정을 위해 정부가 보다 큰 책임을 져야 한다고 생각할 가능성이 높을 것이라고 예상할 수 있다. 또한 앞의 〈그림 1-3〉에 비추어보았을 때 미국이나 유럽에 비해 한국의 경우에는 이념성향의 영향력이 상대적으로 낮게 나타날 것이라고 예상할 수 있다.

그러나 좌파 혹은 우파라는 이념성향이 모든 응답자들에게 동일한 의미로 받아들여질 것이라고 기대하기는 힘들며, 좌-우 이념성향이 각국에서 제기되는 다양한 쟁점들을 모두 포괄한다고 보기도 어렵다. 이러한 이유에서 다음의 분석에서는 일반적인 좌-우 이념성향과 더불어 응답자의 신자유주의(neo-liberalism) 성향과 탈물질주의(post-materialism) 성향 또한 함께 고려하였다. 신자유주의 성향은 기업과 산업의 사적 소유 및 경쟁의 긍정적 효과에 대한 동의 여부를 사용하여 측정되었으며,[5] 10점 척도상에서 값이 커질수록 보다 신자유주의 성향을 강하게 보이는 것을 의미한다. 탈물질주의 성향은 물질주의적 가치를 대변하는 6개의 목표와 탈물질주의적 가치를 대변하는 5개의 가치 등 총 11개의 항목 중에서 탈물질주의적 가치를 대변하는 항목을 중요한 국가적 목표로 선택한 개수를 통해서 측정되었으며, 결과적으로 0부터 5까지의 6점 척도로 이루어져 있다.[6]

---

[5] 구체적으로 응답자들은 "기업과 산업의 사적 소유(private ownership)가 증가되어야 한다"와 "기업과 산업의 정부 소유(government ownership)가 증가되어야 한다"의 두 진술 중 어느 것에 더 동의하는지, 그리고 "경쟁은 좋은 것이며 사람들로 하여금 열심히 일하고 새로운 생각을 발전시키게 한다"와 "경쟁은 사람들 사이에 부정적인 결과만을 가져올 뿐이다"의 두 진술 중 어느 것에 더 동의하는지를 각기 10점 척도를 사용하여 응답하였다. 실제 분석에서는 두 10점 척도의 평균값을 사용하여 신자유주의 성향을 측정하였다.

[6] 보다 구체적으로 11개의 항목은 3개의 묶음으로 나뉘어 제시되었으며, 응답자들은 각 묶음 중에서 가장 중요한 목표와 두 번째로 중요하다고 생각하는 목표를 선택

두 번째로 응답자가 처한 경제상황과 관련한 세 변수를 포함하였다. 먼저 응답자가 느끼는 스스로의 경제상황에 대한 주관적 만족도를 10점 척도를 통해 측정하였다. 또한 응답자의 객관적인 경제상황을 보여주는 소득 수준을 포함하였다. 다만 경제발전 수준과 화폐단위가 상이한 여러 국가들에 공통적으로 적용될 수 있는 소득의 절대적인 수준을 측정하기 어렵다는 점을 반영하여, 소득 수준을 10분위로 나누어 응답자의 가구가 어디에 속하는지를 통해 상대적인 소득 수준을 측정하였다. 마지막으로 응답자가 최근 직접적으로 경제적으로 매우 어려운 상황을 경험하였는지 여부를 포함하였다. 응답자들은 본인이나 혹은 가족 중 누군가가 지난 1년간 먹을 양식이 충분치 않았거나(gone without enough food to eat), 필요한 의료처치를 받지 못하고 지나가거나(gone without medicine or medical treatment that you needed), 혹은 현금소득 없이 지내는(gone without a cash income) 상황을 얼마나 자주 경험하였는가를 4점 척도를 사용하여 대답하게 하였으며, 세 항목에 대한 응답의 평균값을 사용하여 최근 경제적 어려움을 경험했는지 여부를 측정하였다.

세 번째로 소득불평등과 국가의 역할에 대한 태도에 영향을 끼

하였다. 결과적으로 각 응답자들은 총 6개의 항목을 중요한 국가적 목표로 선택하였으며, 이 중 탈물질주의적 가치를 반영하는 항목이 몇 개 포함되었는가를 사용하여 탈물질주의 성향이 측정되었다. 11개의 항목은 다음과 같다. 1-1) 고도의 경제성장 유지, 1-2) 강한 군사력 유지, 1-3) 직장과 지역공동체에서의 자치 확대, 2-1) 국가의 질서 유지, 2-2) 정부의 정책결정과정에 일반 국민의 참여와 권한 확대, 2-3) 물가 인상 억제, 2-4) 표현의 자유 보호, 3-1) 안정적인 경제 유지, 3-2) 보다 인간적인 사회 건설, 3-3) 아이디어가 돈보다 더 중요한 사회 건설, 3-4) 범죄와의 전쟁. 이 중 1-3), 2-2), 2-4), 3-2), 3-3)의 5개 항목이 탈물질주의적 가치를 반영하고 있다.

칠 것이라고 예상되는 변수들은 사람들이 가지고 있는 사회적·정치적 신뢰이다. 신뢰는 무임승차의 유혹을 극복하고 사람들 사이의 자발적인 협력을 유도함으로써 공공재의 성격을 가지는 복지제도를 유지시키는 역할을 할 수 있다(Rothstein 2001). 즉 자신의 희생과 기여가 다른 사람들에 악용되거나 — 낮은 사회적 신뢰 — 혹은 불공정하고 비효율적인 정부에 의해 낭비될 것이라고 — 낮은 정치적 신뢰 — 생각하는 사람이라면 소득불평등을 해소하기 위한 정책을 지지할 가능성이 낮을 것이라고 예상할 수 있다. 사회적 신뢰는 "대부분의 사람들은 기회만 주어지면 나를 이용하려고 한다"와 "대부분의 사람들은 공정하려고 노력한다"의 두 진술 중 어느 것에 동의하는지를 나타내는 10점 척도를 사용하여 측정하였다. 그리고 두 번째로 대의제민주주의를 구성하는 다양한 정치제도에 대한 제도적 신뢰를 고려하였다. 구체적으로 정치적 신뢰의 대상으로는 소득불평등과 관련한 정책을 결정하는 과정에 참여하는 (중앙)정부, 의회, 그리고 정당을 포함하였으며, 각각의 대상에 대해 "전혀 신뢰하지 않는다"부터 "매우 신뢰한다"에 이르는 4점 척도로 응답한 것의 평균값을 사용하였다.

이념성향, 경제적 상황, 사회적·정치적 신뢰 등의 요인 이외에도 응답자의 연령, 교육수준, 고용상태, 종교집회에 얼마나 자주 참여하는지, 혼인상태 및 자녀의 수, 성별 등과 같이 소득불평등에 대한 인식과 정부의 역할에 대한 태도와 연관될 수 있는 다양한 사회경제적 특성이 통제되었다.

먼저 〈표 1-1〉에서는 소득불평등의 심각성에 대한 인식에 영향을 끼치는 요인이 한국과 미국, 그리고 유럽의 대중들 사이에서 어떻게 다르게 나타나는지 보여주는 회귀분석의 결과가 제시되어 있다. 먼저 눈에 띄는 것은 좌-우 이념성향이 소득불평등에 대한 인식에 끼

표 1-1   소득불평등의 심각성에 대한 인식의 결정요인

	회귀계수 (표준오차)			
	한국	미국	독일	스웨덴
좌-우 이념성향	-0.15* (0.03)	-0.43* (0.03)	-0.23* (0.03)	-0.39* (0.03)
신자유주의 성향	-0.27* (0.04)	-0.09* (0.03)	-0.09* (0.03)	-0.11* (0.04)
탈물질주의 성향	0.06 (0.07)	0.20* (0.04)	0.20* (0.05)	0.14* (0.06)
경제적 만족도	-0.23* (0.04)	-0.06* (0.03)	-0.06* (0.03)	-0.10* (0.04)
소득 수준	0.01 (0.05)	-0.12* (0.03)	-0.16* (0.04)	-0.11* (0.05)
경제적 어려움 경험	-0.18 (0.15)	0.06 (0.09)	-0.04 (0.16)	0.16 (0.20)
사회적 신뢰	-0.03 (0.04)	0.02 (0.03)	0.07* (0.03)	-0.02 (0.04)
정치적 신뢰	0.10 (0.11)	0.05 (0.10)	-0.11 (0.08)	-0.15 (0.12)
18~29세	-0.44 (0.30)	-0.44* (0.20)	0.07 (0.20)	-0.16 (0.26)
30~39세	-0.19 (0.22)	-0.18 (0.19)	0.26 (0.18)	0.03 (0.26)
50~59세	0.08 (0.23)	0.15 (0.17)	0.06 (0.17)	-0.18 (0.24)
60세 이상	0.22 (0.26)	0.47* (0.17)	0.11 (0.17)	0.19 (0.24)
교육 수준	0.14 (0.08)	0.02 (0.05)	-0.12* (0.04)	-0.10 (0.05)
고용상태 (정규직=1)	0.16 (0.18)	0.12 (0.12)	-0.20 (0.13)	0.11 (0.18)
고용상태 (자영업=1)	-0.08 (0.20)	-0.06 (0.24)	-0.81* (0.28)	-0.22 (0.45)
종교집회 참석도	0.02 (0.04)	0.00 (0.03)	-0.05 (0.04)	-0.02 (0.06)
혼인상태 (기혼=1)	0.37 (0.28)	-0.16 (0.17)	0.14 (0.17)	0.09 (0.20)
혼인상태 (별거/이혼=1)	-0.11 (0.40)	-0.36 (0.21)	0.20 (0.21)	0.19 (0.24)
자녀 수	-0.05 (0.09)	-0.04 (0.04)	-0.01 (0.05)	-0.01 (0.07)
성별 (여성=1)	0.05 (0.15)	0.31* (0.10)	0.29* (0.11)	0.13 (0.14)
Constant	7.63* (0.75)	8.59* (0.54)	9.65* (0.51)	10.46* (0.68)
N	1096	2000	1731	993
R^2	0.0991	0.2053	0.1324	0.2923

주: *$p < 0.05$

치는 영향력의 크기가 국가에 따라 상당한 편차를 보인다는 점이다. 미국이나 스웨덴의 경우 10점 척도의 좌-우 이념성향에서 우파성향이 한 단위 증가할 때마다 소득이 보다 평등해져야 한다는 대답은 약 0.4 단위 정도 감소하는 데 반해 한국인들 사이에서는 감소폭이 0.15로서 절반에도 크게 미치지 못하는 것으로 나타났다. 반면에 신자유주의 성향이 소득불평등에 대한 인식에 끼치는 영향력은 미국이나 유럽에 비해 한국인들 사이에서 거의 3배 가까이 크게 나타났다.

또 한 가지 흥미로운 사실은 미국과 유럽에서는 탈물질주의 성향이 강한 응답자일수록 소득이 보다 평등해져야 한다고 생각하는 데 반해 한국인들 사이에서는 탈물질주의 성향이 통계적으로 유의미한 영향을 끼치지 않았다는 점이다. 이상의 발견을 종합해보면, 미국과 유럽의 선진 자본주의국가에서는 소득불평등에 대한 인식이 좌-우 이념성향 및 탈물질주의 성향에 의해 크게 좌우되는 데 반해 한국인들 사이에서는 신자유주의 성향의 영향력이 두드러지게 나타난다고 할 수 있다.

응답자의 경제상황과 관련한 변수들이 가지는 영향력에 있어서도 미국 및 서유럽 국가들과 한국 사이에 중요한 차이점이 발견되었다. 스스로의 경제상황에 대해 주관적으로 만족할수록 혹은 객관적으로 소득 수준이 높을수록 소득이 보다 평등해져야 한다는 대답이 감소하는 것은 쉽게 예상할 수 있는 것이지만, 흥미로운 부분은 미국과 유럽에 비해 한국인들 사이에서 주관적인 경제적 만족도가 끼치는 영향력이 상당히 크다는 점이다. 반면에 객관적인 경제상황을 반영하는 소득 수준이 소득불평등에 대한 인식에 끼치는 영향력은 미국과 독일, 스웨덴에서 공통적으로 나타났지만, 한국에서는 소득이 높은 응답자라고 해서 소득불평등에 대한 부정적 인식이 감소하지 않는 것으로 나타났

표 1-2

정부의 역할에 대한 태도의 결정요인

	회귀계수 (표준오차)			
	한국	미국	독일	스웨덴
좌-우 이념성향	-0.14* (0.03)	-0.43* (0.03)	-0.17* (0.03)	-0.42* (0.03)
신자유주의 성향	0.20* (0.04)	-0.28* (0.03)	-0.14* (0.04)	-0.12* (0.04)
탈물질주의 성향	0.03 (0.06)	0.14* (0.05)	-0.06 (0.05)	0.13* (0.06)
경제적 만족도	-0.03 (0.04)	-0.07* (0.03)	-0.08* (0.03)	-0.09* (0.03)
소득 수준	-0.07 (0.04)	-0.14* (0.04)	-0.10* (0.04)	0.02 (0.04)
경제적 어려움 경험	-0.12 (0.14)	0.38* (0.09)	0.08 (0.19)	0.23 (0.18)
사회적 신뢰	-0.04 (0.03)	-0.02 (0.03)	0.03 (0.03)	0.00 (0.03)
정치적 신뢰	-0.19 (0.10)	0.44* (0.10)	-0.12 (0.10)	-0.06 (0.12)
18~29세	0.10 (0.27)	-0.15 (0.21)	0.17 (0.24)	0.37 (0.25)
30~39세	0.30 (0.20)	0.17 (0.20)	0.21 (0.21)	0.46 (0.24)
50~59세	-0.41* (0.21)	-0.24 (0.18)	-0.21 (0.20)	-0.12 (0.23)
60세 이상	-0.00 (0.23)	-0.01 (0.18)	-0.12 (0.20)	0.13 (0.23)
교육 수준	0.08 (0.07)	-0.10 (0.06)	-0.22* (0.05)	-0.03 (0.05)
고용상태 (정규직=1)	-0.18 (0.16)	-0.06 (0.13)	0.10 (0.15)	0.26 (0.17)
고용상태 (자영업=1)	-0.36* (0.18)	-0.26 (0.26)	-0.51 (0.33)	-0.22 (0.42)
종교집회 참석도	0.02 (0.03)	0.01 (0.03)	-0.07 (0.05)	0.00 (0.06)
혼인상태 (기혼=1)	0.28 (0.25)	-0.34 (0.18)	0.33 (0.20)	0.25 (0.19)
혼인상태 (별거/이혼=1)	0.29 (0.37)	-0.71* (0.23)	0.28 (0.25)	0.45 (0.23)
자녀 수	0.04 (0.09)	0.06 (0.04)	0.02 (0.06)	0.06 (0.06)
성별 (여성=1)	0.19 (0.14)	-0.05 (0.11)	0.04 (0.13)	0.16 (0.13)
Constant	7.59* (0.68)	9.58* (0.57)	9.94* (0.59)	8.00* (0.64)
N	1091	1996	1733	988
R^2	0.0695	0.2695	0.0768	0.3005

주: *$p < 0.05$

다. 즉, 한국인들의 경우 본인의 객관적인 소득 수준과는 무관하게 주관적으로 스스로의 경제상황에 만족한다면 소득 격차가 보다 확대되어도 무방하다고 생각한다는 것이다.[7] 다시 말해서 한국인들 사이에서는 객관적인 경제적 지위보다는 주관적인 의식이 소득불평등과 관련한 인식에 훨씬 큰 영향을 끼치고 있으며, 이는 객관적인 경제적 지위에 따른 차이가 유의미하게 나타나는 미국과 유럽 대중들과 명확한 대비를 이루고 있다.

이어서 〈표 1-2〉에서는 소득불평등을 완화하기 위한 정부의 역할에 대한 태도에 어떤 요인들이 영향을 끼치는지에 대한 분석이 제시되어 있다. 먼저 좌파 이념성향을 가진 사람일수록 정부가 보다 적극적으로 개입해야 한다고 생각한다는 것은 익히 예상할 수 있는 방향으로 나타났지만, 한국인들 사이에서 좌-우 이념성향이 끼치는 영향력의 크기가 미국이나 스웨덴에 비해 상당히 낮게 나타난 것은 〈표 1-1〉에서와 마찬가지였다. 그러나 가장 눈에 띄는 부분은 응답자의 신자유주의 성향이 정부의 경제적 개입에 대한 태도에 끼치는 영향력이다. 일반적으로 신자유주의 성향이 강한 사람일수록 정부가 경제적으로 개입하는 것에 대한 반대 의견이 강하게 나타날 것이라고 예상할 수 있으며, 미국과 서유럽 국가들의 경우 실제로 예상했던 방향으로의 관계가 유의미하게 나타났다. 그러나 한국의 경우 일반적인 예상과는 정반대로 신자유주의 성향이 강한 응답자일수록 오히려 각자의 경제적 안정을 위해 정부가 보다 적극적으로 역할을 해야 한다는 의견이 유의미하게

---

7) 이러한 차이가 주관적인 경제적 만족도와 객관적인 소득 수준 사이의 괴리에서 기인한다고 할 수는 없다. 주관적인 경제적 만족도와 객관적인 소득 수준 사이의 상관관계는 한국에서나 서유럽 국가들에서나 모두 0.5에 달하며, 오히려 미국인들 사이에서 두 변수 사이의 상관관계가 0.46으로 다소 낮게 나타났다.

증가하는 경향이 나타났다.

그렇다면 한국인들 사이에서 신자유주의 성향이 오히려 정부의 경제적 역할에 대한 지지로 이어지는 현상을 어떻게 이해할 수 있는가? 하나의 가설은 후발산업국가로서의 한국의 특수한 경제성장의 역사와 이 과정에서 정부가 수행한 경제적 역할에 대해 한국인들이 가지게 된 독특한 관념과 관계가 있다는 것이다. 과거 한국— 을 비롯한 동아시아 국가들— 은 강력한 정부가 경제성장이라는 목표를 위해 민간 영역의 자원을 동원하고 관리하는 발전국가(developmental state)하에서 고도성장을 이룩한 경험을 가지고 있다(Amsden 1989; Evans 1995; Wade 1990). 그리고 이러한 고도성장의 성과가 사회로 어느 정도 배분되면서 복지 및 재분배 측면에 있어서는 낮은 수준의 정부 개입이 오랫동안 정당화되어 왔다(양재진 2008; 양재진·민효상 2013).

따라서 많은 수의 한국인들에게 있어서 정부의 경제적 개입은 경제적 재분배를 위한 재정정책보다는 경제성장을 촉진하기 위한 산업정책의 맥락에서 주로 이해될 수 있으며, 결과적으로 경쟁과 민영화를 강조하는 신자유주의 성향의 한국인들이 경제성장을 위해 오히려 정부의 적극적인 역할을 주문하는 데 있어서 큰 위화감을 느끼지 않았을 가능성이 존재한다.[8] 실제로 기존 연구에 따르면 많은 한국인들이 다양하고 광범위한 분야에서 정부의 역할과 책임을 지지하기는 하지만

---

8) 실제로 응답자의 좌-우 이념성향과 신자유주의 성향 사이의 상관계수는 미국의 경우 0.25, 스웨덴의 경우 0.40으로 둘 사이에 상당한 높은 친화성이 존재했으며, 독일의 경우 0.09로서 절대적인 수준은 높지 않지만 여전히 통계적으로 유의미한 것으로 나타났다($p < 0.001$). 반면에 한국의 경우 좌-우 이념성향과 신자유주의 성향 사이의 상관계수는 -0.03으로서 둘 사이에 통계적으로 유의미한 관계가 존재하지 않는 것으로 나타났다($p = 0.28$).

이러한 지지는 복지나 재분배와 관련한 분야보다는 주로 고용창출 및 국가경쟁력의 강화 차원의 산업정책에 대한 지지에 특히 집중된다고 보고하고 있다(박종민 2008). 이와 더불어 1997년 IMF 외환위기 이후 한국사회에 본격적으로 신자유주의 프로그램들을 도입한 주체들이 다름 아닌 경제관료들이라는 역설 또한 신자유주의 성향과 국가의 역할에 대한 태도 사이의 독특한 관계에 기여한 측면이 존재할 수 있다(지주형 2011). 물론 이러한 해석은 현재로서는 가설일 뿐 이후 추가적인 연구를 통해 검증되어야 하겠지만, 다른 한편으로는 소득불평등과 관련하여 한국인들이 가지고 있는 이중적인 태도를 이해하기 위한 하나의 단서를 제공하기도 한다.

마지막으로 〈표 1-1〉과 〈표 1-2〉에서 나타난 사회적·정치적 신뢰와 소득불평등과 관련한 태도 사이의 관계에 대해서도 간단한 언급이 필요하다. 기존의 많은 국가 간 비교 연구들이 국민들이 서로에 대해 높은 신뢰를 가지고 있는 사회일수록 복지제도가 잘 발달하고 경제적 불평등 수준 또한 낮은 경향이 있다고 보고하고 있다(Bergh and Bjørnskov 2001; Bjørnskov and Svendsen 2013; Delhey and Newton 2005; Rothstein and Uslaner 2005).

마찬가지로 정부에 대한 신뢰―나아가 정부의 질(quality of government), 즉 정책결정과정의 공정성과 효율성에 대한 믿음―가 높은 사람일수록 정부의 적극적인 경제적 역할과 개입을 지지한다는 연구 또한 찾아볼 수 있다(Chanley·Rudolph·Rahn 2000; Hetherington 2005; Rothstein·Samanni and Teorell 2012; Rudolph and Evans 2005; Svallfors 2013; 이현우 2013).

그러나 〈표 1-1〉의 독일과 〈표 1-2〉의 미국을 제외하고는 본 연구의 분석에서 응답자의 사회적·정치적 신뢰가 소득불평등의 심각성 및 정부의 역할에 대한 태도에 유의미한 영향을 끼친다는 결과를 찾아보기 어렵다. 이러한 결과가 과연 본 연구에서 분석된 자료와 사례의 특수한 경우에 해당하는지 아니면 보다 일반적으로 적용가능한지에 대해서는 신뢰에 대한 대안적인 조작화와 새로운 자료를 활용한 추가적인 분석이 요구되는 부분이라고 할 수 있다.

V. 결론

미국, 스웨덴, 독일 등 한국과는 상이한 복지제도의 전통과 제도를 갖추고 있는 나라의 대중들과 비교하여 소득불평등 및 이와 관련한 정부의 역할에 대해 한국인들이 가지고 있는 인식은 몇 가지 독특한 모습을 보이고 있다. 무엇보다도 눈에 띄는 것은 한국인들 사이에서 발견되는 소득불평등의 심각성에 대한 인식과 정부의 역할에 대한 요구 사이의 이중적인 태도라고 할 수 있다. 즉, 다른 나라의 대중들에 비해 한국인들은 소득불평등이 상대적으로 덜 심각하다고 생각함에도 불구하고 동시에 사람들의 삶에 보다 적극적으로 정부가 개입할 것을 요구하고 있는 것이다. 그리고 이러한 이중적인 태도에는 아직까지 한국인들의 인식 속에 소득불평등과 복지 및 재분배와 관련한 태도는 이념적으로 구조화되지 못한 상태로 남아 있다는 사실이 반영되어 있다고 할 수 있다.

소득불평등에 대한 인식과 정부의 역할에 대한 태도에 영향을 끼치는 요인과 관련하여서도 한국인들의 독특한 모습이 드러났다. 가장 흥미로운 부분은 탈물질주의 및 신자유주의 성향이 끼치는 영향력이 한국인들과 다른 나라의 대중들 사이에 명확한 차이점을 보였다는 점이다. 다른 나라에서는 탈물질주의 성향이 강한 사람들일수록 소득불평등이 심각하다고 인식하는 경향이 있었지만, 한국인들 사이에서는 이러한 경향이 발견되지 않았다. 또한 다른 나라에서는 신자유주의 성향이 강한 사람들일수록 정부의 역할에 소극적인 데 반해, 한국인들 사이에서는 신자유주의 성향이 강한 사람들이 오히려 정부에 보다 적극적인 역할을 주문하는 것으로 나타났다. 다시 말해서 많은 한국인들의 가치지향은 경제적 안정에 맞춰져 있으며, 이를 위한 정부의 경제적 역할 또한 고용창출 및 국가경쟁력의 강화 차원의 산업정책에 여전히 머무르고 있다고 할 수 있다.

최근 들어 한국사회가 그동안 유지해 온 저부담·저복지체제로부터 벗어나서 세금을 많이 내고 복지수준을 높이는 고부담·고복지체제를 지향해야 한다는 주장이 심심치 않게 등장하고 있다. 그러나 본 장에서 살펴본 한국인들의 태도는 이러한 전환이 단기간 내에 쉽사리 이루어지기는 어려울 것이라는 점을 암시하고 있다. 복지제도의 발전과 확대를 위해서는 그 혜택과 비용부담을 둘러싼 사회적 합의가 필수적이라고 할 수 있는데, 과연 한국사회가 그러한 여건을 갖추고 있는가에 대해서는 여전히 회의적인 평가가 우세해 보인다. 즉 한국사회가 복지 및 재분배와 관련하여 어떠한 방향으로 어느 정도의 속도로 움직일 것인가는 결국 한국인들의 인식 속에 설정된 가치와 목표, 그리고 수용가능성의 범위 안에서 결정될 수밖에 없다는 것이다.

그러나 아직까지 많은 한국인들은 경제적 불평등의 현실진단 및 해법을 둘러싸고 — 찬성이건 반대이건 — 일관된 입장을 가지고 있다고 보기 어렵다. 물론 한국사회에서 불평등 및 재분배와 관련한 이슈가 주요한 정치적 쟁점으로 등장하기 시작한 것은 그리 오래된 것이 아니며, 따라서 이와 관련한 한국인들의 태도가 아직까지 유동적이며 앞으로 한국형 복지국가의 전개 방향에 따라 변화할 가능성은 얼마든지 존재한다고 할 수 있다.

참고문헌

김낙년. 2013. "한국의 소득분배." Working Paper 2013-06. 낙성대경제연구소.

김낙년·김종일. 2013. "한국 소득분배 지표의 재검토." Working Paper 2013-08. 낙성대경제연구소.

김신영. 2010. "한국인의 복지의식 결정요인 연구: 국가의 공적책임에 대한 태도를 중심으로. 『조사연구』 11권 1호.

김영순·여유진. 2011. "한국인의 복지태도: 비계급성과 비일관성 문제를 중심으로." 『경제와 사회』 91호.

김희자. 2013. "계급계층이 복지정책에 대한 태도에 미치는 영향과 교육변인의 조절효과 연구." 『한국사회정책』 20집 2호.

박종민. 2008. "한국인의 정부역할에 대한 태도." 『한국정치학회보』 42집 4호.

백정미·주은선·김은지. 2008. "복지인식 구조의 국가간 비교: 사민주의, 자유주의, 보수주의 복지국가와 한국." 『사회복지연구』 37권.

양재진. 2008. "한국 복지정책 60년: 발전주의 복지체제의 형성과 전환의 필요성." 『한국행정학보』 42권 2호.

양재진·민효상. 2013. "한국 복지국가의 저부담 조세체제의 기원과 복지 증세에 관한 연구." 『동향과 전망』 88호.

이성균. 2002. "한국사회 복지의식의 특성과 결정요인." 『한국사회학』 36집 2호.

이승희·권혁용. 2009. "누가 언제 재분배 정책을 선호하는가?: 한국의 거시경제
　　상황과 정책무드." 『국가전략』 15권 3호.

이현우. 2013. "복지정책의 확대에 대한 태도 결정요인 분석: 정부의 질, 한국과
　　북유럽국가 비교." 『한국정치연구』 22집 3호.

조정인. 2012. "공리주의적 자기이해관계변인과 상징적 정치변인이 유권자들의
　　복지정책 선호에 끼치는 영향에 대한 경험적 연구." 『정치정보연구』
　　15권 2호.

_____. 2014. "소득분배의 불평등과 기회 불평등 인식이 한국인들의 재분배정
　　책 선호에 끼치는 영향력." 『정치정보연구』 17권 2호.

지주형. 2011. 『한국 신자유주의의 기원과 형성』. 서울: 책세상.

최 균·류진석 2000. "복지의식의 경향과 특징: 이중성." 『사회복지연구』 16권
　　1호.

Alesina, Alberto, and Edward L. Glaeser. 2004. *Fighting Poverty in the US
　　and Europe: A World of Difference.* New York: Oxford Uni-
　　versity Press.

Amsden, Alice H. 1989. *Asia's Next Giant: South Korea and Late Industriali-
　　zation.* New York: Oxford University Press.

Andress, Hans-Jürgen, and Thorsten Heien. 2001. "Four Worlds of Welfare
　　State Attitudes?: A Comparison of Germany, Norway, and the
　　United States." *European Sociology Review*, Vol.17, No.4.

Arts, Wil, and John Gelissen. 2002. "Three Worlds of Welfare Capitalism
　　or More? A State-of-art Report." *Journal of European Social
　　Policy*, Vol.12, No.2.

Bergh, Andreas, and Christian Bjørnskov. 2001. "Historical Trust Levels
　　Predict the Current Size of the Welfare State." *Kyklos*, Vol.64,

No.1.

Bjørnskov, Christian, and Gert Tinggaard Svendsen. 2013. "Does Social Trust Determine the Size of the Welfare State? Evidence Using Historical Identification." *Public Choice*, Vol.157, No.1-2.

Chanley, Virginia A., Thomas J. Rudolph, and Wendy M. Rahn. 2000. "The Origins and Consequences of Public Trust in Government: A Time Series Analysis." *Public Opinion Quarterly*, Vol.64, No.3.

Cingano, F. 2014. "Trends in Income Inequality and Its Impact on Economic Growth." OECD SEM Working Papers, No.163. OECD Publishing.

Delhey, Jan, and Kenneth Newton. 2005. "Predicting Cross-National Levels of Social Trust: Global Pattern of Nordic Exceptionalism?" *European Sociological Review*, Vol.21, No.4.

Edlund, Jonas. 1999. "Trust in Government and Welfare Regimes: Attitudes to Redistribution and Financial Cheating in the USA and Norway." *European Journal of Political Research*, Vol.35, No.3.

Erikson, Robert S., and Ketn L. Tedin. 2011. *American Public Opinion: Its Origins, Content, and Impact*, 8th ed. New York: Pearson.

Esping-Andersen, Gøsta. 1990. *The Three Worlds of Welfare Capitalism*. Oxford: Polity Press.

Evans, Peter. 1995. *Embedded Autonomy: States and Industrial Transformation*. Princeton: Princeton University Press.

Ferragina, Emanuele, and Martin Seeleib-Kaiser. 2011. "Welfare Regime Debate: Past, Present, Future?" *Policy & Politics*, Vol.39, No.4.

Hetherington, Marc J. 2005. *Why Trust Matters?: Declining Political Trust and the Demise of American Liberalism*. Princeton: Princeton

University Press.

Luttmer, Erzo F., and Monica Singhal. 2011. "Culture, Context, and the
Taste for Redistribution." *American Economic Journal: Economic
Policy*, Vol.3, No.1.

Rothstein, Bo. 2001. "The Universal Welfare State as a Social Dilemma."
Rationality and Society, Vol.13, No.2.

Rothstein, Bo, and Eric M. Uslaner. 2005. "All for All: Equality, Corruption,
and Social Trust." *World Politics*, Vol.58, No.1.

Rothstein, Bo, Marcus Samanni, and Jan Teorell. 2012. "Explaining the
Welfare State: Power Resources vs. the Quality of Government."
European Political Science Review, Vol.4, No.1.

Rudolph, Thomas J., and Jillian Evans. 2005. "Political Trust, Ideology, and
Public Support for Government Spending." *American Journal of
Political Science*, Vol.49, No.3.

Svallfors, Stephan. 1997. "Worlds of Welfare and Attitudes to Redistri-
bution: A Comparison of Eight Western Nations." *European
Sociological Review*, Vol.13, No.3.

_____. 2003. "Welfare Regimes and Welfare Opinions: A Comparison of
Eight Western Nations." *Social Indicator Research*, Vol.64, No.3.

_____. 2013. "Government Quality, Egalitarianism, and Attitudes to Taxes
and Social Spending: A European Comparison." *European Poli-
tical Science Review*, Vol.5, No.3.

Wade, Robert. 1990. *Governing the Market: Economic Theory and the Role
of State in East Asian Industrialization*. Princeton: Princeton Uni-
versity Press.

제 **2** 장

소득불평등과 의회 정치:
한국과 미국 사례를 중심으로

❖

서정건
경희대학교

소득불평등과 의회 정치:
한국과 미국 사례를 중심으로

I. 서론

경제적 불평등이 전 세계적으로 화두다. 2008
년 글로벌 금융위기 이후 중산층 침체, 빈곤층 증가, 그리고 소득불평
등의 현상이 광범위하게 목격되고 있기 때문이다(Piketty 2003; Stiglitz
2012; 박복영 2014). 세계적 베스트셀러가 된 피케티 교수의 『21세기
자본론』을 굳이 참조하지 않더라도 소득불평등이 초래하는 정치적·사
회적 파급 효과는 실로 크다(Piketty 2014). 특히 사회 전체적인 효율성
감소, 정치 이념적 양극화, 고착화된 계층 구조로 인한 형평성 문제,
정치 시스템에 대한 시민의 불신, 부유층의 정치적 영향력 확대 등
경제적 불평등과 연관된 이슈들은 다양하고 심각하다. 우리나라에도
과거 수출중심 고속성장 시대가 끝나고 이제는 소득이 부유층에게만
집중된다는 우려가 제기되고 있다. 대기업과 은행 중심의 금융자본주

의가 전 세계적으로 심화되면서 글로벌 경제에 대한 노출 정도가 큰 한국의 경우 그 부작용에 대해서도 민감하게 반응할 수밖에 없다. 소득불평등의 대물림이라는 사회적 현상까지 맞물리면서 경제적 평등과 분배정책에 대한 사회적 그리고 나아가 정치적 관심이 고조되고 있다. 이러한 문제의식을 바탕으로 본 장에서는 한국과 미국 두 나라에서 공히 제기되고 있는 소득불평등 이슈와 관련하여 대의민주주의 핵심기제인 의회와 정당의 역할과 한계에 대해 살펴보고자 한다(Bartels 2008; Garand 2010; Hacker and Pierson 2012; Jacobs and King 2009; Jacobs and Skocpol 2005; 권혁용 2007; 문우진 2011).

물론 소득불평등의 근본적 원인에 대한 인식부터 그 해결책에 대한 차이에 이르기까지 한국과 미국 두 나라를 비교정치학적으로 분석하는 데 있어서 기여와 한계는 비교적 분명하다. 우선 미국 정치에 있어서 소득불평등은 오랫동안 개인의 문제로 치부되어 왔고 아메리칸 드림이라는 정치 문화로부터 보수적 성향의 공화당의 전통에 이르기까지 그 해결책에 정부, 특히 의회가 끼어들 여지는 그다지 크지 않았다. 하지만 2008년 금융위기를 기점으로 "점령하라 운동(Occupy Movements)"이라는 기폭제를 통해 미국 특유의 소득불평등 패턴, 즉 최상위 1%로의 부의 독점과 중산층 소득 정체라는 현상에 대한 새로운 사회적 해석이 생겨나기 시작했다. 여전히 사회 전반적인 합의에 이르지는 못하였지만, 소득불평등 원인과 해결책에 대한 보다 진보적인 접근이 많이 제기되고 있는 상황이다.

반면 한국의 경우에는 전통적으로 평등 사회에 대한 가치가 중요시되어 왔고 미국과 달리 건국 이후 줄곧 정부의 적극적 역할이 당연시되어 온 경향이 크다. 교육이라는 개인적 차원의 해결책을 넘어 세금, 복지 등 정부의 정책으로 소득불평등 해소에 접근하는 방식이 오랫동안 지속되어 왔다. 예를 들어 18대 국회에서 총 127건 정도의 소득불평등 관련 법안이 발의되었는데 그 내용과 주제는 상당히 광범위하다. 실제로 종합부동산세법, 법인세, 조세특례제한법, 소득세법, 상속세 및 증여세법 등 세제 관련, 그리고 초중등교육법, 고등교육법, 학교급식법, 한국장학재단설립, 유아교육법 등 교육 관련 법안들, 또한 국민기초생활보장법, 근로복지기본법, 저임금 근로자 등의 사회보험료 지원법, 최저임금법, 실업자 구직촉진 및 소득지원법 등 노동 및 복지 관련 법안들, 그리고 마지막으로 조손가족지원법, 한부모가족지원법 등 가족관계 법안 등 소득불평등 증가 혹은 완화와 관련된 법안들이 상당수 존재한다. 이는 나중에 다루어질 미국의 112대 의회 경우와 비교해 볼 때 훨씬 더 많은 숫자이며 그 내용 또한 훨씬 구체적이다. 소득불평등이라는 이슈에 대해 의회를 중심으로 한 국가의 적극적 개입 수준에서 한국과 미국 간의 차이가 엄연히 존재하는 셈이다.

그럼에도 불구하고 한국과 미국의 의회민주주의가 경제적 불평등 해소와 재분배정책에 대한 사회적 요구에 대해 어떻게 반응하는지 비교해 보는 작업은 의미가 있다. 이전처럼 소득불평등을 사회 구성원 개인의 책임으로만 치부해 버리기에는 도시화, 고령화, 다문화, 국제화 등 다차원적 원인들이 점점 더 부각되고 있다. 또한 경제적·기술적 처방이 아닌 정치적 해결에 대한 의회민주주의 내 요구가 계속 높아지고 있다. 따라서 양국의 대의제 역할과 한계에 관한 유사성과 상이성을 분석함으로써 보다 나은 정책 대응을 모색해 볼 수 있을 것이다.

II. 소득불평등의 정치학:
대표(representation)와 분배(redistribution)

　　　　　　　　소득불평등을 주제로 한 정치학 연구는 그 주
제의 중요성과 시의성으로 인해 점증하는 추세이다.[9] 사실 소득불평
등의 원인이나 처방이 주로 경제학자들에 의해 다루어진 측면이 크다.
정치학자들은 경제적 불평등보다는 계급, 복지, 체제 등 보다 넓은 범
위의 정치와 경제 사이의 연결 고리에 주목해 온 경향이 있다. 하지만
냉전 종식 이후 세계 경제는 자본주의, 특히 금융자본주의에 의해 지배
되고 있고 그 부작용으로 나타나는 불평등한 소득 분배는 더 이상 경제
학자들만의 관심사가 될 수는 없게 되었다. 기술, 교육, 인구 등 전통적
변수에 초점을 맞춰 소득불평등을 연구해 온 경제학의 접근에 비해
정치학 연구는 선거와 제도 등 경제적 불평등과 관련한 정치적 원인과
해결책을 찾는 데 주력하고 있다.

　　미국의 경우 2008년 9월 리먼 브라더스의 파산과 AIG 구제 금융
으로 촉발된 경제위기는 오바마 대통령의 임기 마지막 해인 2016년
현재 어느 정도 진정 국면으로 들어섰고 나름대로 경제 회복의 기미를
보이고 있다. 하지만 전 국민의 65퍼센트 이상은 국가가 잘못된 방향으
로 가고 있다고 느낄 정도로 체감 경제는 여전히 어려운 실정이다.
이에 객관적인 경제 지표들의 호전에도 불구하고 2014년 11월 4일
치러진 중간선거에서 오바마의 민주당은 큰 패배를 경험한 바 있다.

---

9) 이 부분은 졸고 "소셜 미디어 시대의 사회운동과 정당정치"(2014)를 주로 참조하였
　　음을 밝혀 둔다.

2006년 이래 처음으로 상원과 하원 모두 공화당이 차지하게 된 선거 결과가 이를 반증한다. 실제로 시간이 갈수록 경제적으로는 더욱더 불평등한 현상이 나타나고 있는 추세이다. 고소득 계층과 중간 소득계층의 수입이 지난 30년 동안 지속적으로 증가하고 있지만 더불어 이들 사이의 소득 격차도 함께 증가하고 있다. 평균 가계 소득은 2007년과 2009년 사이 4.2% 감소하였으며, 1967년 이후 지니계수는 지속적으로 증가해 현재 최대치를 기록하고 있다.

미국의 소득불평등 현상 중 가장 주목할 점은 소득 증가가 미국의 상위 1%의 소득계층에 크게 편중되어 있다는 것이다. 피케티(Piketty 2003; 2014)의 연구도 99%의 소득계층과 상위 1% 간의 소득격차를 보여준다. 클린턴 정부 시기 경제성장 기간 동안 상위 1%의 계층 사이의 실질소득증가율은 나머지 소득계층보다 약 5배 더 크게 성장한 것으로 나타나고 있다. 심지어 조지 W. 부시 정부 시기에도 상위 1% 그룹의 소득은 국가의 하위 99% 계층과의 차이가 거의 열 배에 달하고 있다. 간단히 말해 미국 경제의 불평등은 저소득 가구가 증가하고 중간 소득계층의 성장이 정체되어 있는 가운데, 고소득자들의 소득만 증가하는 추세가 두드러지는 특징이 나타난다고 볼 수 있다.

실제로 정치학자들은 소득불평등이 필연적으로 정치적인 문제일 수밖에 없다는 인식하에 불평등 문제를 접근하고 있다. 바텔스(Bartels 2008)는 미국 시민들의 정당정치와 불평등에 대한 일반적인 무관심이 결국 소득분배의 불균형을 불러왔다고 주장한다. 점점 더 커지는 소득불평등 문제의 심각성에도 불구하고 정당 간 그리고 정당 내에서 해결책에 대한 이견이 나타나는 동안, 유권자들이 실제로 경험하는 경제적 불평등은 더욱 악화되고 있다는 것이다. 바텔스는 특히 경제성장률로만 경제 문제에 접근하거나 선거캠페인 모금과 지출에만 신경 쓰는 유권자들이 공화당에 주로 표를 던졌다는 점을 주목한다. 그 결과 재선을 위해 금융계의 자금에 의존한 편향적인 입법 활동을 하는 의원들을 계속해서 선출했다는 것이다.

멕카티 외(McCarty et al. 2006)의 연구에서는 정치적 양극화의 증가가 미국의 소득불평등 패턴과 일치한다고 보고 있다. 즉 소득불평등과 정당의 양극화 경향은 시간이 지남에 따라 상당히 유사한 궤적을 보인다. 소득격차가 상대적으로 적은 기간 동안에는 양극화의 강도가 완화하는 반면, 높은 수준의 소득불평등이 유지되는 기간 동안에는 정당과 이념이 양쪽으로 편향되는 경향을 보여준다. 가랜드(Garand 2010)도 미국 상원의원들 사이의 양극화와 소득불평등 사이의 관계를 분석하고 소득불평등의 수준이 높은 주의 상원의원이 이념적으로 다른 의원들에 비해 더 편향적임을 발견하였다. 다른 학자들도 소득의 재분배에 있어서 90%의 시민들 의견보다는 10%의 부유층 유권자의 견해가 더 많이 대표되고 있음을 밝히고 있다(Jacobs and Skocpol 2005).

바텔스가 대통령 간의 차이에 주목하여 불평등 관련 정책 선호도와 정책수행 차이를 검토한 반면, 해커와 피어슨(Hacker and Pierson 2012)은 민주당도 공화당과 정책상 별 차이가 없다는 것을 강조한다. 해커와 피어슨에 따르면 민주당도 공화당과 마찬가지로 부유층과의 연대에 의존하는 경향이 커져 가고 있다. 텔레비전을 통한 선거 캠페인과 광고의 시대에서 소위 미국의 정치적 환경이 "후보 중심으로(candidate-centered)" 계속 이동하고 있으며 이러한 새로운 선거 환경은 정치행동위원회(Political Action Committees) 등을 중심으로 기업 및 금융권의 선거 기부금 중요성을 예전보다 훨씬 높여 놓았다. 과거 민주당은 단순히 노동조합 및 저소득층의 이슈를 자신의 정책과 연결시켰지만 이러한 선거환경의 변화로 인해 공화당의 주요 고객들과도 정책 연대를 거부하기 어려워졌다는 분석이다. 더구나 탈물질주의 시대로 들어서면서 1920년대 산업화 시기 이후 급속도로 성장한 노동조합과 풀뿌리 시민사회단체가 급격히 그 영향력을 상실했고, 중산층 민주주의를 표방하는 데 있어서 정당일체감을 지닌 확고한 지지층이 상당수 사라진 점도 민주당에 악재로 작용하였다.

해커와 피어슨이 지적하는 또 다른 민주당 변화의 촉발 요인은 월스트리트 또는 K스트리트와 밀접한 관계를 가진 뉴욕 주 민주당 척 슈머(Chuck Schumer) 연방 상원의원과 같은 경제 보수주의자들이 당 지도부 위치에 오르게 되었다는 점이다. 민주당과 월스트리트 재계와의 선거자금을 둘러싼 긴밀한 관계 설정은 슈머 의원과 같은 정치행위자 한 사람의 역할뿐 아니라 대통령선거 승리를 목표로 하는 민주당 전체의 구조적 변화를 시사한다고 본다. 결국 막대한 자금이 필요한 정치 환경과 선거 승리를 위한 선거 정치 집중화로 인해 민주당은 미국 사회의 불평등을 줄이고자 하는 정당으로서의 주도권을 상당 부분 잃었다고 볼 수 있다.

민주당이 노동 계급과 노동조합에 대해 관심을 보이기보다는 부유층과의 선거 연대에 더욱 의존하는 경향을 보이는 점에 주목하며 민주당의 변화에 대해 설명한 다른 학자로는 길렌스(Gilens 2010)가 있다. 선거주기, 단점정부 기간의 길이, 정부의 정당통제 등에 초점을 맞춘 실증 연구를 통해 민주당이 더 이상 소득 재분배정책을 증진하려 하지 않는다는 결론을 도출하였다. 특히 레이건 정부 시기 군사력 증강, 감세정책 등 일련의 정치적 사건들과 정책적 방향으로 인해 결과적으로 "노동 계급을 위한 뉴딜 정당"이라는 기존 민주당의 정체성에 혼란을 초래하였다.

또한 슐로츠만(Schlozman 2005)의 연구도 소득불평등을 둘러싼 정당정치의 문제점을 제기하는데, 정당이 중위투표자들보다 더 부유한 유권자들 선호를 위주로 법안을 도입하고 검토 및 표결하고 있음을 증명하였다. 결과적으로 민주당과 공화당 의원들은 경제적 불평등과 같은 이상적이며 다소 모호한 정책 사안에 관심을 두기보다는 자신의 정당과 부유한 중위 투표자에 이익이 되도록 정책을 만들어 내는 현상이 두드러지고 있으며, 결국 미국 민주주의에 대한 근본적 위기감 또한 증대되고 있다. 예를 들어, 사회운동인 "점령하라 운동"은 소득불평등 현상에 정당정치의 대표성이 부재한 정치 경제적 맥락에서 등장하게된 것이며 이는 정치사회의 문제가 시민사회의 사회운동으로 연계되어 나타난다는 점을 시사한다(Tarrow 2011; Dube and Kaplan 2012; 서정건·김예원 2014).

이처럼 미국의 소득불평등 관련 정치학 연구들이 참여(participation)와 대표(representation) 간의 불일치성 등의 문제에 주로 초점을 맞추어 왔다면, 또 다른 일군의 소득불평등 관련 비교정치학자들은 주로 대표 및 정권의 성격이 재분배정책에 미치는 영향에 대해 관심을 기울여 왔다. 간단히 말해 좌파정권이 집권한 경우 증세 및 복지정책을 통해 경제적 자원의 재분배가 이루어져 소득불평등이 실제로 완화되는지에 관한 연구가 그것이다(Garrett 1998; Iversen and Soskice 2006; Pontusson 2005; 권혁용 2007). 많은 학자들이 진보정권의 재분배정책을 통해 소득불균형 감소 현상이 적어도 단기적으로는 나타나고 있음을 밝혀냈지만, 또 다른 연구(Scheve and Stasavage 2009)에 의하면 장기적으로는 이러한 상관관계가 뚜렷하지 않다. 결국 불평등의 문제를 다룰 정치 연합의 존재 여부와 재분배정책 관련 제도적 장치들에 대한 국민적 합의 여부 등 복잡다단한 대의제 경로를 거쳐야 하는데, 이와 관련 대표와 분배의 상관관계가 시대적으로 재정립되어 오고 있다고 볼 수 있다.

III. 소득불평등과 의회 대응: 미국 사례 분석

　　　　　　　　미국 정치에 있어 소득불평등 이슈는 여러 모
순적 측면을 가지고 있다. 우선 소위 "아메리칸 드림"으로 대변되는
개인 중심, 성취 가능 등의 정서에 비추어 볼 때, 불평등한 소득은
각각의 노력 여하에 따른 자연스러운 결과로 치부되어 온 경향이 있다.
1930년대 루스벨트 대통령이 경제공황 와중에서 경제 분야에 있어 적
극적인 정부의 역할을 강조한 뉴딜정책이 미국 정치의 큰 획을 그었다
고 볼 수 있을 정도로 미국 정치와 문화에 있어서 소득불평등은 구조의
문제이기보다는 개인의 역량과 관련 있는 것으로 여겨졌다. 하지만
〈그림 2-1〉에서 볼 수 있듯이, 클린턴 정부 시기 경제성장 기간 동안
상위 1%에 대한 실질소득증가율은 나머지 소득계층보다 약 5배 더

●그림 2-1 1993~2011년 미국 소득분위 1% 대 99%의 수입실제성장률

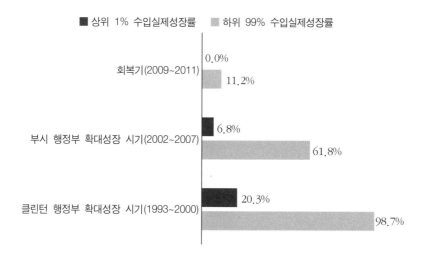

　소득불평등 이슈에 대한 부유층과 일반 국민 견해 차이

불평등: 문제점과 해결책	부유층 (%)	일반대중 (%)
오늘날, 미국에서 부유한 사람과 가난한 사람 사이의 소득 격차가 20년 전보다 크다.	86	82
큰 소득 격차가 미국의 번영에 필요한 것은 아니다.	56	58
미국의 소득 격차는 매우 큰 편이다.	62	63
높은 소득을 가진 사람들과 낮은 소득을 가진 사람들 간의 소득 격차를 줄이는 것은 정부의 책임이다.	*13*	*46*
정부는 부자에게 중세를 과하여 부를 재분배해야 한다.	*17*	*52*

출처: Page et al.(2013), p.63

크게 나타나고 있다. 심지어 부시 정부 시기 뜨뜻미지근한 회복의 과정에서 상위 1%의 소득은 하위 99%보다 거의 열 배 가까이 격차가 벌어진다. 간단히 말해, 미국 경제의 불평등은 저소득 가구의 증가, 중간소득계층의 성장을 정체시키고 고소득자들의 소득에만 증가가 나타나는 특징을 나타낸다고 볼 수 있다.

더구나 이러한 소득불평등에 대한 국민적 정서와 반응이 최근 들어 많이 변하고 있는데, 〈표 2-1〉은 이를 보여준다. 소득 격차 해소가 정부의 책임인지 아닌지 또한 그 방법은 부자 증세이어야 하는지에 대해 부유층과 일반 국민 간의 견해 차이가 크다(McCall 2013).

그렇다면 소득불평등 이슈를 미국 의회에서는 어떻게 다루고 있으며, 의원들의 입장은 어떠한가를 알아보기 위해 미국 112대 의회 (2011~2012)를 살펴본다. 미국 정치에서는 이익단체 혹은 연구기관 등에서 미국 의회 의원들의 표결 분석을 통해 특정 이슈에 대한 의원평가를 해 오고 있다. 환경, 노동, 무역, 인권, 세금, 낙태, 총기제한 등 각종 이슈에 대해 무수히 많은 이익단체들이 행하는 의원 표결 평가가 실제 선거에서도 영향을 미치고 선거자금 모금 등에 있어서도 중요한 역할을 하는 것으로 알려져 있다. 그런데 특이하게도 소득불평등 이슈에 대한 특정 이익단체의 의원평가 활동은 거의 찾아보기 어렵다. 소득불평등 이슈에 대한 민주당과 공화당의 상·하원의원들의 표결을 중심으로 어떤 의원이 소득불평등 해소에 적극적 혹은 미온적인지에 대한 평가 작업이 아직 활발하지 않다. 예외적인 경우로 워싱턴에 소재하고 있는 정책 연구소인 미국정책연구소(Institute for Policy Studies)에서 112대 의회 회기 동안 발의되고 표결된 결의안과 법안들을 소득불평등 주제로 분류하였다.10)

〈그림 2-2〉는 소득불평등 이슈에 대한 상원의 민주당과 공화당

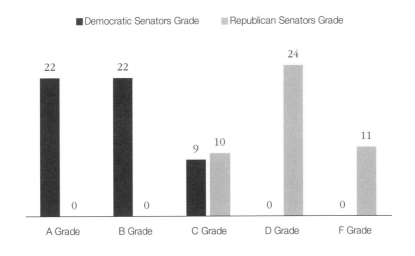

● 그림 2-2 소득불평등 이슈와 미국 상원의원들 평가, 112대 의회(2011~2012년)

━━ 10) 자세한 내용은 http://www.ips-dc.org/reports/inequality-report-card를 참조할 것.

의원들이 받은 성적을 보여주고 있다. 이 분석에 의하면 소득불평등을 둘러싼 정당정치 양상은 현재 미국 정치의 큰 문제로 지적되고 있는 양극화 현상을 정확히 반영하고 있다. 낙태, 동성애 결혼, 환경규제, 총기제한, 공립학교에서의 기도 등 양극화가 극단적으로 반영되는 사회 이슈들과 마찬가지로 소득불평등 이슈 또한 워싱턴의 양극화 정치로부터 자유롭지 못한 것으로 드러났다. 소득불평등 해소를 위해 노력하는 의원들은 주로 민주당 의원들이고, 소득불평등 문제를 해결하기 위한 노력을 덜 기울이는 것으로 평가된 의원들은 대부분 공화당 의원들이었다.

구체적으로 살펴본다면 22명의 민주당 상원의원들이 소득불평등 해소 노력 관련 A학점을 받은 반면, 11명의 공화당 상원의원들은 F학점을 받았다. 또한 민주당 소속 상원의원들이 받은 가장 낮은 평가는 C인 데 반해(11명), 공화당의 경우 10명의 상원의원들이 동일한 C학점을 받은 것이 자체 최고점이다. 흥미로운 사실은 부유층과 정치적으로 가깝다고 평가받은 민주당 상원의원들의 경우 그 출신 주와 대표주가 대부분 정치적으로 중립적이거나 경쟁적인 곳이다.

소득 최상위 1% 유권자들의 이익을 상대적으로 많이 대변하는 것으로 평가된 민주당 소속 상원의원들의 면면은 넬슨(Ben Nelson of Nebraska), 리버맨(Joseph Lieberman of Connecticut), 헤이건(Kay Hagan of North Carolina), 프라이어(Mark Pryor of Arkansas), 테스터(Jon Tester of Montana), 그리고 웹(Jim Webb of Virginia) 상원의원이다. 반대로 공화당의 경우 중도파 의원 혹은 여성의원들이 상원에서 그나마 소득불평등을 줄이기 위해 결의안 혹은 표결 등으로 노력을 해 온 편이다. 물론 미국정책연구소(Institute for Policy Studies)가 다소 중도좌파적인 경향을 보이는 점을 고려하더라도 소득불평등 관련 정당정치는 양극화 경향을 뚜렷이 보이고 있음을 알 수 있다.

미국 의회 내 하원의원들과 상원의원들을 구분하여 소득불평등 해소 관련 어떠한 동기와 고려에 의해 참여와 표결의 행태를 보이는지 실증적으로 분석하기 위해 회귀분석을 실행한 결과가 〈표 2-2〉에 나와 있다. 종속 변수는 IPS에 의해 평가된 미국 상·하원의원들의 학점을 나타내는 순서 척도이다. 독립 변수는 대의 과정에서 주요한 변수들을 중심으로 설정하였는데 크게 유권자 영향 영역, 의원 개인의 동기와 배경, 그리고 제도 및 선거 관련 영역으로 나누어볼 수 있다.

예를 들어, 112대 의회에서 흑인 유권자들이 많은 지역구를 대표 하는 의원일수록 소득불평등 문제에 적극적으로 참여하고 소득불평등 해소를 위한 표결에 동참한다고 가정해볼 수 있다. 마찬가지로 소득 수준이 낮은 지역구를 대표하는 하원의원 혹은 지니계수가 낮은 주를 대표하는 상원의원인 경우 소득불평등 이슈에 보다 민감하고 적극적이 라 예상해 볼 수 있다. 의원 개개인의 동기와 배경 영역에 있어서는 이념적으로 진보성향을 가진 의원들이 보수파보다 소득불평등 해소에 관심을 가진다고 가정해볼 수 있다.

또한 해커와 피어슨의 연구 결과에 근거하여 금융 비즈니스 관련 상임 위원회 소속의원들은 상대적으로 소득불평등 해소를 위한 조치들 에 대해 덜 우호적일 것이라 예상해볼 수 있다. 예를 들어, 상원 의안 번호 45로 발의된 "세금회피를 목적으로 한 기업의 지적재산권 해외 등록 불허" 법안에 대해 금융 관련 상임위원회 의원들은 기권 혹은 반대 가능성이 크다고 본다. 마지막으로 선수가 높을수록 그리고 지난 선거에서 큰 표 차로 승리한 의원일수록 소득불평등 해소에 대해 여유 있게 임할 수 있을 것이라 가정해볼 수 있다.

〈표 2-2〉에 따르면 우선 상원에 비해 하원이 훨씬 소득불평등

소득불평등과 의회 대응 회귀분석, 112대 미국 의회(2011~2012년)

	하원(House)	상원(Senate)
Black Population	.017 ** (.008)	-.032 (.025)
District Income	.02 *** (.001)	–
State Gini Coefficients	–	7.86 (15.5)
Members' Ideology	-6.72 *** (.505)	-7.20 *** (1.07)
Financial Sector Committees	.164 (.301)	-.015 (.483)
Campaign Funding from Financial Sector	-1.63 (3.99)	-1.34 (1.83)
Seniority	.030 *** (.011)	.021 (.021)
Vote Margin in 2010	.023 *** (.009)	-.036 (.024)
N Log-likelihood Pseudo-R^2	400 -361.42 0.43	98 -94.04 0.39

* statistically significant at 0.10; ** at 0.05; *** at 0.01

이슈에 대응적(responsive)임을 알 수 있다. 학자들과 전문가들에 의하면 미국 의회의 경우 특히 상원이 소득불평등 해소에 미온적인 태도를 보이고 있고, 이것이 양원제를 채택하고 있는 미국 정치에서 불평등 해소를 위한 조치들을 법제화하는 것의 큰 걸림돌이 되고 있다. 하지만 이러한 주장들이 대부분 일회적이거나 설명적인 해석에 그친 것이었다면, 직접 결의안과 법안들에 대한 참여와 표결을 근거로 행한 여기에서의 분석은 이를 실증적으로 뒷받침하고 있다. 보다 구체적으로 하원의 경우 이념적으로 진보이거나, 선수가 높거나, 큰 표 차로 당선되었거나, 혹인 유권자들이 많은 지역구 의원일수록 소득불평등 해소에 대해 적극적인 입장을 취한다. 특이한 결과는 지역구의 평균소득이 높은 하원의원일수록 소득불평등 이슈에 민감하게 반응한다는 점인데, 아마도 이는 해당 지역구의 소득 수준이 결국 높은 교육 수준을 반영하기 때문으로 풀이할 수 있다. 상원의 경우에는 이념적으로 진보인 상원의원이 소득불평등에 관심을 보인다는 결과 이외에 다른 변수들은 상원의원들의 소득불평등 관련 결의안 혹은 법안의 참여와 표결에 별다른 영향을 못 미치는 것으로 드러났다.

요약하자면 미국 의회와 소득불평등 이슈에 있어서 가장 큰 특징 중의 하나는 자유무역이나 농업이익 등을 적극적으로 옹호해 온 미국 상원이 소득불평등 문제에 있어서는 하원에 비해 상대적으로 보수적인 입장을 보인다는 것이다. 다시 말해 아무리 하원에서 소득불평등 해소를 위한 다각적인 노력을 펼쳐도 상원이 움직이지 않는다면 미국 의회가 소득불평등 문제를 해결할 수 있는 방법은 전무하다. 양원제의 함정이라 할 수 있는 이러한 전반적인 현상에 대해 한 가지 부연하자면 소위 입법 활동 전문가들(congressional policy entrepreneurs)이라 불리기에 충분한 활발한 입법자들과 정치행위자들이 상원에 또한 포진하고 있다는 점이다. 〈그림 2-3〉은 미국의 부유층들이 상원의원, 하원의원, 정부 및 백악관 관료들과 빈번하게 정치적 접촉을 하고 있음을 단편적으로나마 보여 준다.

특히 2016년 대통령선거 과정에서 소득불평등 이슈가 어떤 형태로든 부각될 것으로 예상된다. 비록 힐러리 클린턴(Hillary Clinton)이

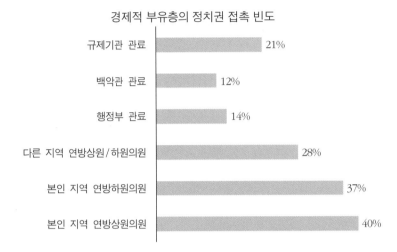

그림 2-3

미국의 부유층과 정치권 연계

경제적 부유층의 정치권 접촉 빈도

규제기관 관료	21%
백악관 관료	12%
행정부 관료	14%
다른 지역 연방상원/하원의원	28%
본인 지역 연방하원의원	37%
본인 지역 연방상원의원	40%

출처: Page et al.(2013), p.55

민주당 대선 후보로 확정되기는 했지만, 후보 경선 과정에서 중산층 살리기와 월스트리트개혁 기치를 내건 버몬트 주 연방 상원의원 버니 샌더스(Bernie Sanders)가 선전하면서 소득불평등 이슈를 적극적으로 제기하였다. 그리고 샌더스 이전에도 — 비록 일찌감치 대선 불출마를 선언하기는 했지만 — 하버드 법대 교수 시절 파산법 전공자로 특히 소득불평등 이슈에 적극적으로 활동한 바 있는 엘리자베스 워런(Elizabeth Warren) 매사추세츠 연방 상원의원이 주목받은 바 있다. 결국 상원이라는 제도적 관점에서 보면 소득불평등에 관해 보수적 대응이 대세이지만 상원의원 개개인을 놓고 볼 때는 경제적 불평등을 전국적 이슈로 몰고 나가 대통령선거 캠페인의 한 중요 변수로 끌어들일 수 있는 가능성이 있다.

IV. 소득불평등과 의회 대응: 한국 사례 분석

한국의 경우 정책 변화 요구에 대한 의회 차원의 조응성(responsiveness)에 관한 연구는 많지 않은데, 한국 같은 신흥 민주주의에 있어서는 그다지 낯설지 않은 풍경이다. 다시 말해 국가 건설 단계에서 헌법적-제도적 차원에서의 대의민주주의 기본 구조인 의회가 만들어졌지만, 입법부와 정당의 정치적 기반이 되는 사회적 분화는 거의 존재하지 않았던 것이다. 상충되는 사회-경제적 이익들을 각각 대변할 정당들이 세워지고 이 정당들이 의회 다수당 지위를 위해 선거를 치루며 이후 의회 안에서 자신을 지지하는 사회 세력 및 그룹을 위한 입법 활동을 전개하는 의회(textbook Congress)의 작동은 그야말로 교과서에서나 볼 수 있었다. 실제로 의회는 권위주의적 정부를 추종하는 다수파 여당과 이에 순응하는 관제 야당으로 구성되어 행정부 중심의 국가운영을 제대로 견제하지 못하였던 것이다.

하지만 민주화 투쟁을 통해 절차적 민주주의 시대로 이행하면서 의회에 부여된 본래의 기능들에 관한 관심이 고조되었다. 정치 구도 자체가 민주주의 쟁취라는 단선적 차원으로부터 벗어나 어느 누구의 가치와 이익도 절대선일 수 없는 다차원으로 전환되었기에 의회라는 정치 본연의 장(場)에 대한 기대가 커진 것이다. 문제는 사회의 발전과 분화가 의회의 발전과 분화로 저절로 이어지지는 않는다는 점이다. 우선 권위주의 시절 국정을 좌지우지했던 행정부로부터 정책 관련 권한들을 되찾아온다는 것이 쉽지 않다. 애시 당초 선진 민주주의 국가들처럼 의회가 행정부에 넘겨준 권한이 아니었기에 행정부의 양보를 새삼 바라보아야 하는 상황이다. 또한 정권 유지 혹은 타도에 몰두하느

라 정당 충성도만 높았던 여야 의원들이 전문성과 자율성을 기반으로 지역구를 대표하는 대의 기능을 하루아침에 담당하는 일이 쉽지 않다. 더구나 여전히 개혁이 난망해 보이는 현행 하향식 공천 방식은 정당 지도부와 지역구민들 사이에 끼여 눈치 보기에 급급한 의원들을 양산하고 있다. 마지막으로 유권자들 입장에서는 비생산적이고 비타협적인 의회의 행태가 기존의 정치권 불신 정서를 더욱 부채질하고 있는 듯하다. 결국 의정 활동이 우수한 의원들을 찾아서 격려하는 분위기보다는 의원 전체의 특권 폐지에 더욱 관심을 가지게 되는 풍조이다.

이처럼 의회 정치가 제대로 자리 잡지 못하는 상황에서 정책 조응성에 대한 정치학 연구 또한 활발하지는 못하다. 그나마 2002년 10가지 정책영역에 대한 선호도 조사를 바탕으로 의원과 유권자 간의 연계를 분석한 장훈(2003)의 논문이 획기적인데 이후 정당학회-중앙일보 서베이를 근간으로 후속 연구들이 이어지고 있다(강원택 2012). 설문 조사 결과가 아닌 실제 법안 표결을 근거로 의원들의 정책 반응도를 경험적으로 분석한 논문으로는 박영환(2015)을 주목할 만하다. 18대 국회 쟁점 법안들을 망라한 후 이들 법안에 대한 의원들의 투표행태를 중심으로 이념적 지수화를 시도하였다.

의원들의 이념 지수와 시민들의 정책 선호와의 차이를 종속 변수 삼아 그 크기를 정치적 대표성으로 상정하여 그 일치 혹은 불일치 여부를 연구한 결과 박영환(2015)은 국회의원들의 이념적 선호는 경제적 상위층보다는 하위층에 더 민감하게 반응한다는 것을 발견하였다. 재선을 목적으로 하는 의원들이 득표를 위해 보다 많은 표가 몰려 있는 경제적 하위층의 선호를 반영한다는 것이다. 이는 의회 대표성이 경제적 부유층에 편중되고 있는 미국 의회, 특히 상원의 사례와 반대되는 경우로 매우 흥미롭다고 할 수 있다. 본 절에서는 이러한 기존 연구들

● 표 2-3	제18대 국회 상임위원회별 소득불평등 관련 법안 수				
위원회	기획재정 위원회	교육과학기술 위원회	보건복지 위원회	환경노동 위원회	여성가족 위원회
불평등 관련 법안 수	90	13	12	6	6
총 법안 수	1,332	872	1,487	861	257
불평등 관련 법안 비율(%)	6.76	1.49	0.80	0.70	2.33

을 토대로 소득불평등 이슈와 관련된 법안들을 먼저 선별한 후 이들 법안에 대한 한국 국회의원들의 발의 및 표결 행태를 분석한다.

우선 18대 국회에서 발의된 총 13,913건의 법안들을 검토한 결과 이 중 127건의 법안들에 대해 소득불평등 관련성을 발견하였다.[11] 상임위원회별로 법안들의 빈도를 살펴보면 〈표 2-3〉과 같다. 소득불평등과 연관된 법안을 가장 많이 심의한 위원회는 기획재정위원회로 총 90건의 법안들을 다루었다. 총 127건의 소득불평등 관련 법안들 중 약 71%의 법안을 기획재정위원회에서 심의한 것이다. 반면 환경노동위원회와 여성가족위원회는 가장 적은 수인 6건의 소득불평등 관련 법안들을 논의하였다(약 5%). 교육과학기술위원회와 보건복지위원회는 각각 13개와 12개의 소득불평등 관련 법안들을 심의하였고, 결국 기획재정위원회가 대부분의 소득불평등 관련 법안들을 다루었다고 볼 수 있다.

기획재정위원회가 소득불평등 관련 법안을 중심적으로 다루는 이유는 조세정책과 같이 소득불평등에 직접적으로 영향을 미칠 수 있는

---

11) 이후 내용은 저자의 2014년도 국회사무처 연구프로젝트 일부를 발췌한 것임을 밝혀둔다.

정책 권한을 가지고 있기 때문이다. 기획재정위원회에서 주로 소득세나 법인세, 상속세, 부동산세, 조세특례법 등을 다루고 있다. 제18대 국회가 국민의 소득불평등에 영향을 미칠 수 있는 제도적 수단으로 과세정책을 중점적으로 이용하고 있음을 알 수 있다. 교육과학기술위원회는 저소득층 학생들에 대한 경제적 부조에 관한 법안들을 주를 다루고 있으며 보건복지위원회 경우 국민기초생활 보장법의 개정을 심의하였다. 또한 환경노동위원회는 최저임금이나 저임금 노동자들에 대한 사회보장 법안을 다루고 있으며 여성가족부는 조손부모가족이나 한 부모 가족에 대한 지원법 등을 논의하였다. 다시 말해 소득불평등과 관련한 전체 법안들 중 약 29% 정도가 주로 경제적 약자들에 대한 지원을 내용으로 하는 재분배정책과 관련이 있음을 알 수 있다.

전체적으로 보았을 때 제18대 국회에서 다루어진 소득불평등 관련 법안들을 살펴보면 의원들이 준비한 법안이 수정되어 통과되는 경우는 없었던 것을 알 수 있다. 대부분의 법안들이 위원장 대안으로 수정/편입되어 심사되고 위원회를 통과하는 것을 확인할 수 있었다. 물론 의원안에 비해 정부안이 위원회를 통과할 가능성이 더 높은 것도 확인할 수 있었다. 이는 기존의 연구와도 맥락이 닿는다고 할 수 있다 (가상준 2006; 서현진·박경미 2009; 전진영 2011; 한정훈 2013).

의원 발의안의 경우 법안에 따라 공동 발의인의 숫자가 다르게 나타난다. 발의인의 숫자 또한 법안의 위원회 통과와 관련하여 고려할 만한 변수라고 할 수 있다. 평균적으로 환경노동위원회에서 심의한 의원 발의 법안들이 가장 다수의 공동 발의자 수를 가지고 있었다. 환경노동위원회에서 논의한 소득불평등에 관한 법률안은 한 법안당 평균 약 31명이 공동 발의하였다. 반면 여성가족위원회에서 심사한 소득불평등에 관한 의원 법률안은 한 법안당 평균 약 12명이 공동 발의하였다. 교육과학기술위원회는 평균 약 21명, 기획재정위원회는 평균 약 15명, 그리고 보건복지위원회는 평균 약 13명의 의원들이 공동으로 발의하였다.

법안의 내용을 살펴보자면 경제적 부유층에 영향을 미칠 수 있는 49개의 법안들 중 19개의 법안들이 소득불평등의 감소를 야기할 수 있었던 법안들이었다. 이는 비율로 보자면 약 39%에 해당한다. 반면 불평등 증가 소지의 법안들은 30건으로 총 49건 중 약 61%에 달한다. 즉, 제18대 국회 기획재정위원회에서 다룬 법안들이 경제적 부유층에 영향을 미치는 법안들이었다면 이 법안들 중 다수는 경제적 부유층에 세금을 감면해주는 법안들이었음을 알 수 있다. 기획재정위원회에서 다루었던 고소득층 관련 법안들과 달리 경제적 약자에 영향을 미칠 수 있는 법안들 모두는 소득불평등의 완화 가능성을 내포한 법안들이었다. 총 31건의 법안들을 다루었는데 이 법안들 모두가 과세정책 등을 통해 경제적 약자에게 도움을 주고자 했던 법안들이었다. 이와 유사하게 경제적 부유층과 약자에게 공히 영향을 미칠 수 있었던 법안들도 주로 경제적 약자에게 도움을 주어 소득불평등을 완화시키고자 했던 법안들이었다. 총 10건의 법안들이 경제적 부유층과 경제적 약자에게 영향을 미칠 수 있었던 법안들이었는데, 이들 중 9건의 법안들이 소득불평등을 완화시키고자 하였던 법안들이고, 하나의 법안만이 소득불평등 증가 가능성이 있는 법안이었다.

그렇다면 어떤 의원들이 소득불평등 관련 법안에 관심을 가지고 있을까? 먼저 성별의 경우 남성의원보다 여성의원의 발의 비율이 높은 것으로 나타났다. 여성의원은 전체 46명 중 42명이 소득불평등 관련 법안 발의를 하였는데, 이것은 여성의원 전체의 91%에 해당한다. 이에 반해 남성의원은 전체 285명 중 245명이 참여하였는데, 이것은 남성의원 전체의 86%를 차지하는 것으로 확인되었다. 또한 연령별 분포를 살펴보자면 51~60세의 의원들이 92.4%로 타 연령에 비해 소득불평등 관련 법안 발의를 가장 많이 한 것으로 나타났다. 51~60세의 의원들은 전체 131명 중 121명이 참여하였다. 그다음으로 40~50세의 의원들이 89.3%를 차지하는 것으로 확인되었다. 이 연령대의 의원들은 전체 28명 중 25명이 소득불평등 관련 법안을 발의하였다. 다음으로 71~80세 전체 의원의 85.4%, 61~70세 전체 의원의 81.3%가 참여하였다. 당선 횟수를 나타내는 선수의 경우 국회의원의 당선 횟수가 증가할수록 소득불평등 관련 법안 발의는 점점 줄어든 것을 알 수 있다. 이러한 현상은 기존 국내 연구와 일치한다. 한국의 경우 재선 이상의 의원보다 오히려 초선 의원이 법안 발의에 더욱 적극적이다(손병권 2004; 정회옥·장혜영 2013; 최준영 2006).

〈그림 2-4〉는 소득불평등 관련 법안 발의 의원의 정당 비율을 보여준다. 이에 따르면 보수성향 정당의 의원들보다 진보성향 정당의 의원들이 소득불평등 관련 법안 발의에 더욱 적극적이라는 것을 알

●그림 2-4 소득불평등 관련 법안 발의 의원 소속 정당 비율(%), 18대 국회

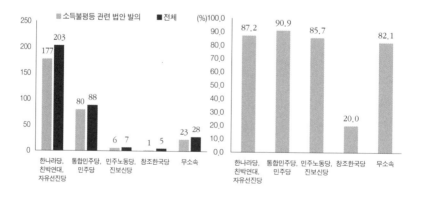

불평등과 재분배의 정치학

수 있다. 통합민주당과 민주당은 전체 88명의 의원 중 80명이 발의함으로써 90.9%를 기록했다. 반면 한나라당, 친박연대, 자유선진당의 경우 전체 의원의 87.2%가 법안 발의에 참여하였다. 한편, 민주노동당, 진보신당의 경우 전체 의원의 85.6%가 무소속의 경우 전체 의원의 82.1%를 차지하는 것으로 나타났다.

마지막으로, 소득불평등 관련 법안 제출은 의원들의 지역구 상황과도 연관이 있는 것으로 보인다. 실제로 소득불평등을 낮출 수 있는 법안들만 제출한 의원의 지역구가 그렇지 않은 지역구보다 기초생활수급자의 비율이 높은 것으로 나타났다. 즉, 의원들이 자신들의 지역구이익에 긍정적으로 반응한다고 볼 수 있다. 반면, 일관적으로 소득불평등을 증가시킬 수 있는 법안들만 제출한 의원의 지역구가 그렇지 않은 지역구보다 복지 예산 비율이 높은 것으로 확인되었다. 이 역시 지역구의 특성을 반영하는 것일 수 있다.

하지만 이에 관한 정확한 인과관계를 규명하기 위해서는 더 많은 분석과 연구가 필요할 것이다. 지역구의 정치적 특성에 따른 분석 또한 흥미로운 결과를 보여준다. 소득불평등 증가 가능성이 있는 법안들만 발의한 의원 지역구의 경우 제17대 대선에서 이명박 후보의 지지율이 높았다. 종합적으로 보자면, 대한민국 국회의원들의 소득불평등에 대한 관심과 관련 정책에 대한 선호가 정당 혹은 이념으로 상당부분 설명될 수 있음을 알 수 있다.

V. 소결

    본 장에서는 한국과 미국 두 다른 민주주의체제하에서 공통으로 문제가 불거지고 있는 소득불평등 이슈에 대해 의회와 정당, 그리고 사회운동 등이 어떻게 대응하고 있는지 살펴보았다. 한국과 미국 양국 의회의 의원들이 소득불평등 문제를 다루는 데 있어서는 상당히 유사한 측면들이 있음을 알 수 있다. 양국 모두 현재 보수와 진보라는 이념적 차이가 점점 커지고 있고, 대통령제와 소선거구제가 결합된 선거 시스템이 비슷한 만큼 이념적 선호가 양당제 정치 운영의 원리로 확장되어 있음을 알 수 있다. 보수 이념을 표방하는 한국의 한나라당(18대 국회 기준)과 미국의 공화당, 그리고 진보성향의 한국 통합민주당(18대 국회 기준)과 미국의 민주당은 소득불평등 해소 관련 상이한 입장을 보인다.

    개별 의원들을 살펴보더라도 미국의 경우 소득불평등 해소 관련 A학점은 민주당 의원들이 독식하고 있고, F학점은 모두 공화당 의원들이 받고 있는 것처럼 한국의 경우에도 재분배정책에 가장 적극적인 의원은 민주통합당 소속이고 반대는 한나라당 의원이었다. 그 외에 선수와 지역구 특성, 성별 등 여러 변수들의 영향력에 대해서는 보다 종합적인 분석이 수반되어야 할 것이다.

    결론적으로 소득불평등의 정치에 대한 정치학 연구는 앞으로 더욱 중요하고 필요할 것으로 예상된다. 이전처럼 소득불평등을 개인의 문제로만 치부해 버리기에는 도시화, 고령화, 다문화, 국제화 등 다차원적 요소들이 점점 더 부각되고 있다. 그리고 경제적, 기술적 처방이 아닌 정치적 해결에 대한 의회민주주의 내 요구가 계속 높아지고 있기 때문이다. 물론 본 연구는 한국의 18대 국회와 미국의 112대 의회를 중심으로 비교적 단기간의 소득불평등 정치 현상에 대한 연구와 조사라는 한계를 가지고 있다. 하지만 향후 소득불평등의 정치학 연구에 대한 나름의 방향 제시를 하고 있다. 보다 풍부한 데이터와 문헌 조사 등을 통해 단지 의원들의 재분배 법안 관련 참여와 표결 동기를 밝혀내는 차원을 넘어서서 대통령과 의회, 정당 간 경쟁, 선거 시기와 비(非) 선거 시기 등 다양한 각도의 연구 질문들을 다루는 것이 필요하다. 또한 실증적 분석 못지않게 이론적 차원에서 성장과 분배, 효율과 평등 같이 우리 사회가 앞으로 계속 고민해야 할 가치 체계에 대한 논의도 동시에 절실하다고 본다.

참고문헌

가상준. 2006. "17대 국회의원들의 입법행태 평가." 『의정연구』 12(1): 55-78.

강원택. 2012. "제19대 국회의원의 이념 성향과 정책 태도." 『의정연구』 18(2): 5-38.

권혁용. 2007. "한국의 소득불평등의 정치경제." 『아세아연구』 50(1): 209-232.

문우진. 2011. "정치정보, 정당, 선거제도와 소득불평등." 『한국정치학회보』 45(2): 73-98.

박복영. 2014. "미국의 소득불평등과 정치양극화." 『비교경제연구』 21(1): 77-111.

박영환. 2015. "경제적 불평등과 정치적 대표: 18대 국회사례." 『현대정치연구』 8(1): 5-37.

서정건·김예원. 2014. "소셜 미디어 시대의 사회운동과 정당정치: 미국의 소득불평등과 "점령하라" 운동(Occupy Movement) 사례를 중심으로." 『한국정당학회보』 13(2): 101-129.

서정건·이한수·민 희. 2014. "정책이슈와 국회대응." 국회사무처 연구용역.

서현진·박경미. 2009. "17대 국회 의원발의 법안의 가결 요인 분석." 『한국정치학회보』 43(2): 89-111.

손병권. 2004. "제17대 초선 의원 의정활동 평가." 『의정연구』 18.

장 훈. 2003. "한국의 정치적 대표: 유권자-국회의원의 이념적 대표를 중심으로." 『한국정당학회보』 2(1): 71-93.

전진영. 2011. "국회 입법교착의 양상과 원인데 대한 분석." 『의정연구』 17(2): 171-196.

정회옥·장혜영. 2013. "의원의 사회경제적 배경과 국회 생산성과의 관계: 18대 국회를 대상으로." 『한국정치연구』 22(2): 49-74.

최준영. 2006. "의원발의의 동인에 대한 경험적 분석: 사건계수 분석기법(Event Count Analysis)을 중심으로." 『21세기정치학회보』 16(2).

한정훈. 2013. "한국 국회 내 입법갈등: 보건복지분야 정책을 중심으로." 『한국정치연구』 22(3): 35-62.

Bartels, Larry M. 2008. *Unequal Democracy: the Political Economy of the New Gilded Age*. Princeton: Princeton University Press.

Dube, Arindrajit, and Ethan Kaplan. 2012. "Occupy Wall Street and the Political Economy of Inequality." *The Economists' Voice* 9(3): 1-7.

Garand, James C. 2010. "Income Inequality, Party Polarization, and Roll-Call Voting in the U.S. Senate." *Journal of Politics* 72(4): 1109-1128.

Garrett, Geoffrey. 1998. *Partisan Politics in the Global Economy*. New York: Cambridge University Press.

Gilens, Martin. 2010. *Affluence and Influence: Economic Inequality and Political Power in America*. New Jersey: Princeton Press.

Hacker, Jacob S., and Paul Pierson. 2012. *Winner-Take-all Politics: How Washington Made the Rich Richer and Turned its Back on the*

Middle Class. New York: Simon & Schuster.

Iversen, Torben, and David Soskice. 2006. "Electoral Institutions and the Politics of Coalitions: Why Some Democracies Redistribute More Than Others." *American Political Science Review* 100: 165-181.

Jacobs, Lawrence R., and Desmond King, eds. 2009. *The Unsustainable American State*. Oxford: Oxford University Press.

Jacobs, Lawrence R., and Theda Skocpol, eds. 2005. *Inequality and American Democracy: What We Know and What We Need to Learn*. New York: Russell Sage Foundation.

McCall, Leslie. 2013. *The Undeserving Rich: American Beliefs about Inequality, Opportunity, and Redistribution*. New York: Cambridge University Press.

McCarty, Nolan M., Keith T. Poole, and Howard Rosenthal. 2006. *Polarized America: The Dance of Ideology and Unequal Riches*. Cambridge: MIT Press.

Page, Benjamin I., Larry M. Bartels, and Jason Seawright. 2013. "Democracy and the Policy Preferences of Wealthy Americans." *Perspectives on Politics*, 11(1): 51-73.

Page, Benjamin I., and Lawrence R. Jacobs. 2009. "No Class War: Economic Inequality and the American Public." In Lawrence R. Jacobs and Desmond King, eds. *The Unsustainable American State*. Oxford: Oxford University Press.

Piketty Thomas. 2003. "Income Inequality in the United States, 1913-1998." *Quarterly Journal of Economics*, 118(1): 1-39.

_____. 2014. *Capital in the Twenty-First Century*. Cambridge, MA: Harvard University Press.

Pontusson, Jonas. 2005. *Inequality and Prosperity: Social Europe vs. Liberal America.* New York: Cornell University Press.

Scheve, Kenneth, and David Stasavage. 2009. "Institutions, Partisanship, and Inequality in the Long Run." *World Politics* 61(2): 215-253.

Schlozman, Kay Lehman et al. 2005. "Inequalities of political voice." In Lawrence R. Jacobs and Theda Skocpol, eds. *Inequality and American Democracy: What We Know and What We Need to Learn.* New York: Russell Sage Foundation.

Stiglitz, Joseph. 2012. *The Price of Inequality.* New York: W. W. Norton & Company.

Tarrow, Sidney. 2011. "Why Occupy Wall Street is not the Tea Party of the Left." *Foreign Affairs* (Oct 10) 2011.

제 3 장

복지국가의 저발전과 복지개혁의 정치:
복지정책을 둘러싼 한국과 미국의 정당정치 비교

❖

임유진
경희대학교

복지국가의 저발전과 복지개혁의 정치:
복지정책을 둘러싼 한국과 미국의 정당정치 비교

I. 서론

최근 전 세계적으로 소득불평등 및 사회양극화의 심화에 대한 우려가 지속적으로 제기되고 있다. 소득의 양극화는 경제적 불평등 문제에 그치지 않고 정치·사회적으로 다양한 문제를 발생시킨다. 결과의 불평등은 (다음 세대의) 기회의 평등에도 영향을 주기 때문에 사회적 문제가 된다. "오늘 사후적으로 나타난 결과는 내일 경기의 사전적인 조건이 된다. 오늘 결과의 불평등에서 이득을 얻는 이들은 내일 자녀들에게 불공평한 이익을 물려줄 수 있다. (…) 현세대가 지닌 결과의 불평등은 다음 세대에 주어지는 불공평한 혜택의 원천"이 되는 것이다(앳킨슨 2015, 27). 따라서 내일의 기회의 불평등을 완화하기 위해서 반드시 오늘의 결과의 불평등을 완화시키기 위한 노력을 경주해야 하는 것이다.

서구 선진자본주의 국가에서 복지국가는 자산의 시장가치에 관계없이 개인과 가족에 최소한의 소득을 보장하고, 질병, 고령, 실업과 같은 사회적 사건들에 의한 위협의 정도를 축소시킴으로써 모든 시민들이 일정하게 합의된 정도의 사회적 서비스를 제공받는 것을 보장함으로써 국민들의 존엄과 능력을 신장시키는 데 기여했다(Briggs 1961, 228), 동시에 복지국가는 자본주의에서 시장이 필연적으로 발생시키는 불평등을 조직화된 권력을 통해 교정하는 역할을 수행함으로써 자본주의체제의 발전을 유지시킬 수 있었다(Polanyi 1964).

  이러한 점에서 본 장에서는 최근 미국과 한국에서 급증하고 있는 경제적 불평등의 심화에 대한 정책적 대응으로서 제기된 복지제도개혁 및 구조조정의 경험을 통해 복지개혁의 다양한 경로를 만들어낸 원인을 분석하고자 한다. 미국과 한국의 복지국가는 상대적으로 저발전된 것으로 평가되어왔다. 그러나 미국과 한국에서 경제위기 이후 발생한 경제적 불평등의 심화에 대응하기 위한 복지개혁의 결과는 서로 상반된 것이었다. 한국에서는 국민연금의 재정안정성을 확보하기 위한 국민연금개혁의 결과 오히려 기여와 관계없는 사회수당적 성격의 기초노령연금이 도입되었다.

  반면 미국에서는 전 국민을 대상으로 하는 의료보험개혁이 시도되었으나, 공공의료보험 등 핵심적인 내용이 제외되어버림으로써 절반의 성공에 머물고 말았다. 즉, 기존의 미국과 한국의 복지국가 저발전을 설명해온 권력구조, 권력자원 등과 같은 다양한 정치경제적 요인들이 지속적으로 유지되고 있음에도 불구하고 한국과 미국에서의 복지개혁의 결과는 서로 상반되게 나타났다. 이러한 점에서 본 장은 기존의 연구들과는 다른 차원에서 복지개혁 과정에서 나타난 정당경쟁이라는 변수를 통해 두 국가의 복지제도개혁 및 개편의 차이를 설명하고자 한다.

　사실 본 장이 다루고자 하는 한국과 미국의 복지제도는 그 성격이 상당히 다른 것이라고 볼 수 있다. 그러나 의료보험과 국민연금 모두 복지제도의 하나로서 자산의 시장가치에 관계없이 사회적 위험의 정도를 축소시키기 위한 것이라는 점에서 공통적이다. 따라서 복지제도의 자체적인 특성에 따른 차이보다는 복지라는 보다 거시적인 관점에서 두 국가의 경험을 이해할 것이다. 나아가 상대적으로 대의민주주의의 역사가 짧은 한국은 미국에서 민주당과 공화당의 집권에 따라 다른 형태로 나타났던 복지제도개혁의 역사를 통해 많은 실질적 교훈을 도출할 수 있을 것이다.

II. 복지국가 저발전의 정치경제

　　　　　미국과 한국은 복지와 관련하여 상당히 저발전된 국가로 평가되어왔다. 복지국가는 사회보장제도와 소득재분배정책과 같은 직접적인 복지정책 이외에도 시민들의 생활을 지지하는 기업복지와 민영보험, 노동시장의 특성까지 포함하는 매우 포괄적인 개념이다. 따라서 사회복지비 지출 수준으로만 복지국가의 발전 정도를 평가하는 것은 한계가 있을 수 있다. 그러나 많은 복지국가 연구들에서 GDP 대비 사회복지비 지출은 개별 국가 수준에서 시장으로 인한 불평등을 개선하기 위한 복지국가의 노력을 가장 잘 보여주는 지표로 이용되고 있다. 사회보장지출이 많다는 것은 국가가 시장에서 발생하는

2014년 OECD 국가의 사회복지지출(GDP 대비 비율)

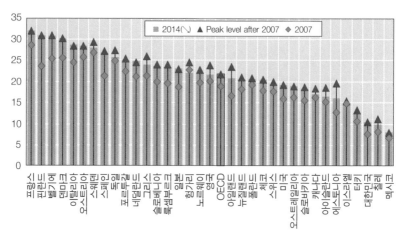

출처: OECD SOCX(www.oecd.org/social/expenditure.htm)

불평등을 줄이기 위해 시장에 대해 국가가 보다 적극적으로 개입하고 있다는 것을 의미한다. 따라서 덴마크, 핀란드, 스웨덴 등과 같은 복지 선진국에서 사회복지비 지출 수준이 높게 나타난다(〈그림 3-1〉 참조). 반면, 미국, 캐나다 등 국가의 시장에 대한 개입이 최소화되어 온 자유주의 복지레짐에서 복지지출 수준은 상대적으로 낮다(Esping-Andersen 1990).

　　서구 선진자본주의 국가들과 비교해 미국과 한국의 GDP 대비 사회복지비지출은 상당히 낮은 수준이 유지되고 있다. 1980년대 이후 대부분의 복지국가들에서 사회복지비지출은 20% 이상의 수준이 유지되고 있다. 그러나 미국과 한국에서는 사회복지비 지출의 지속적인 증가에도 불구하고 OECD 평균치에 항상 미달되는 등 OECD 국가들 가운데 항상 최하위권이었다(〈그림 3-2〉 참조). 특히 한국은 선진자본주의 국가들 가운데 사회복지지출 수준이 가장 낮은 것으로 평가되는

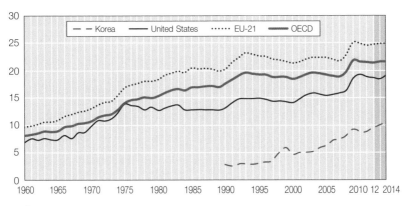

1960~2014년 사회복지지출 비교(GDP 대비 비율)

출처: OECD SOCX(www.oecd.org/social/expenditure.htm)

미국과 캐나다와 비교해 절반에도 미치지 못할 정도로 낮은 수준이었
으며, 2014년을 기준으로 OECD 34개국 가운데 한국보다 사회복지비
지출이 낮은 국가는 칠레, 멕시코뿐이었다.

1. 권력자원모델

권력자원모델(power resources model)은 국내정치에서 벌어지는
이해관계자들 간의 갈등과 연대를 통해 복지제도의 내용 및 복지지출
수준에서 나타나는 차이와 복지개혁을 설명한다. 가장 대표적으로 코
르피는 권력자원을 행위자들이 다른 행위자들을 처벌하거나 보상할
수 있는 능력을 제공하는 것으로 정의했다(Korpi 2006, 77). 그리고 권
력자원이 사회에 동등하게 분배되어 있다고 가정하는 다원주의적 접근
을 비판하면서 생산수단과 경제적 자원에 대한 통제권을 가지고 있는

자본가 계급을 사회에서 가장 강력한 행위자로 가정했다. 그러나 자본가 계급이 노동자 계급에 비해 항상 더 많은 권력자원을 보유한다고 가정하는 구조주의자들과는 달리 노동자 계급과 자본가 계급 간 권력자원의 배분은 유동적이며 끊임없이 변화된다고 보았다. 즉 자본가 계급이 생산수단을 독점함으로써 노동을 통제할 수 있는 능력을 보유하기 때문에 자본주의적 구조 내에서 노동자 계급에 비해 권력자원에서 우위를 차지하는 것은 사실이다. 그러나 민주주의 정치체계에서는 노동자 계급 역시 정치적 자원에 대한 접근을 통해 노동자의 권력을 증진시키고 분배적 불평등을 개선시킬 수 있는 능력을 가지고 있음을 보여주었다(Korpi 1986).

따라서 노동 계급은 높은 노동조합 조직률, 중앙집중적이고 통합적인 노조조직, 좌파 또는 노동자 정당의 조직 등을 통해 자신의 역량을 스스로 강화시키거나, 농민 계급 또는 화이트칼라 노동자 등 다른 계급과 연합하여 정치적 능력을 증대시킴으로써 자본가 계급이 가진 경제적인 능력과 경쟁할 수 있었다(Olsen and O'Connor 1998; Niihuia 2009). 특히 노동 계급은 높은 노조가입률과 중앙집중적이고 포괄적인(encompassing) 정상 조직을 기반으로 노동조합과 좌파정당의 권력자원을 강화시킴으로써 시장 배분이 만들어 내는 불평등을 개선할 수 있었다(Golden and Pontusson 1992; Katzenstein 1985). 역사적으로 19세기 말에서 20세기 초의 기간 동안 서구에서는 노동자 계급으로 선거권이 확대됨에 따라 노동자 계급의 이익을 대변하는 노동조합과 노동자 정당이 등장했다. 그리고 복지제도 역시 이와 유사한 시기에 도입되기 시작했다(〈표 3-1〉 참조).

또한 1990년대 초 경제위기 이후 복지제도에 대한 광범위한 구조조정에도 불구하고 스웨덴에서 사민주의적 복지체계가 유지될 수 있었

　　　유럽 각 국가의 사회보험제도 도입과 정치적 변화

	사회보험					사회당 창당	남성 선거권
	산재보험	건강보험	연금	실업보험	가족수당		
스웨덴	1901	1891	1913	1934	1947	1889	1907
덴마크	1898	1892	1891	1907	1953	1878	1849
독일	1884	1883	1889	1927	1954	1867	1871
프랑스	1898	1898	1895	1905	1932	1879	1876
이탈리아	1898	1886	1898	1919	1936	1892	1907
영국	1897	1911	1908	1911	1945	1893	1918

출처: Pierson(1990), p.108; Flora(1987), p.454

던 것은 스웨덴 노동조합이 좌파정당 또는 중도정당과의 협력을 통해
권력자원과 정치적 능력을 보유하고 있었기 때문이었던 것으로 설명된
다. 즉, 복지국가의 발전은 노동조합과 좌파정당이 자본가 계급에 대항
하여 노동자를 정치적으로 동원할 수 있는 정도에 달려 있으며, 결국
복지국가는 노동 계급이 가장 강한 국가에서 가장 잘 발전되었다는
것이다(박용수 2005).

　　나아가 권력자원이론에 기반하여 정부를 구성하는 정당의 이념은
복지제도에 중요한 차이를 가져온다. 경제에 참여하는 주요 행위자
간의 관계구조를 생산 레짐이라고 한다면 생산 레짐은 경제의 정치적
조직양식을 의미하며 이는 정부의 당파성(partisanship)에 의해 결정된
다(송호근·홍경준 2006, 76). 경험적으로도 사회민주당 등과 같은 좌파
정당의 집권이 빈번했던 국가들에서는 보다 커다란 복지국가가 유지되
고 있으며, 반대로 빈번한 우파정부의 집권을 경험한 국가일수록 사회
지출의 비율이 현격하게 낮다는 것이 여전히 통계적으로 유의미하게

증명되고 있다(Allan and Scruggs 2004; Korpi and Palme 2003; 권혁용 2011).

이러한 점에서 미국에서 복지국가의 저발전은 노동조합과 좌파정당의 권력자원의 한계 때문으로 설명될 수 있다. 미국에서는 노동조합 가입률이 낮은 수준(30% 미만)이었으며, 노동은 지역별·산업별로 분권화되어 있었다. 더욱이 미국 노동조합의 초기 지도자들은 노동조합의 목표를 임금 인상, 부가급여의 확대, 근무환경 개선 등과 같은 노조원들의 단기적인 경제적 이득에만 집중했을 뿐 장기적인 관점에서 노동의 정치세력화에는 관심을 전혀 기울이지 않았다. 따라서 노동자 계급이 자본가 계급과 경쟁할 권력자원 및 정치적 능력을 가지는 것이 현실적으로 불가능했기 때문에 미국의 복지국가는 저발전된 상태가 유지되어왔다는 것이다(Rimlinger 1971; Korpi and Palme 2003; 김태성 2007, 52-54).

마찬가지로 한국에서 역시 노동 계급은 기업별로 분절되어 있으며 노조가입률조차 매우 낮은 수준으로 유지되어왔다. 1960년대 박정희 정부가 산별노조를 통해 국가조합주의적 방식으로 노동을 통제하고자 했던 시도는 산업별로 단일한 단체협약을 체결하기 위한 것이 아니었다. 단지 국가조합주의의 방식으로 산별노조에게 독점적 이해 대표권과 산하조직이 대한 통제권을 부여함으로써 국가의 노동에 대한 통제를 용이하게 하기 위한 것이었을 뿐이었으며, 실제적인 교섭은 기업별로 이루어졌다. 그리고 1973년 「노동조합법」의 개정과 유신 이후 「국가보위법」에 의해 노동조합의 단체교섭권과 단체행동권이 원천적으로 봉쇄되었고, 산별노조체제 역시 부정되었기 때문에 기업을 중심으로 한 노동운동이 본격적으로 전개되기 시작했다.

결국 산업화 시기부터 지속되어온 기업별 노조의 제도적 관성은

대기업 노동자들의 단기적 이익만을 중심으로 하는 노동운동이 이루어
지도록 구조화시킴으로써 한국에서 역시 복지국가는 저발전된 상태로
유지되었다는 것이다(양재진 2005; 마인섭 2002).

2. 선거제도와 권력구조

선거제도는 투표를 의석수로 전환시키는 메커니즘으로서 유권자
의 투표행위와 정치인들의 당선을 위한 전략에 영향을 주며, 나아가
선택적 친화성을 가진 특정 정당체계를 유도한다. 듀베르제는 한 선거
구에서 1명의 후보만을 선출하는 소선거구제 최다득표제(first-past-the-
post)에서 양당제가 유도되며, 한 선거구에서 여러 명의 후보를 선출하
는 비례대표제에서는 다당제가 나타나는 선택적 친화성을 보여주었다
(Duverger 1964, 206-255).

그리고 선거제도와 정당체계는 민주주의 정치체계에서 제도적인
요인으로서 복지정책의 형성과 변화에 있어 중요한 역할을 한다(Iversen
and Soskice 2006; Estevez-Abe 2008; 양재진 2011). 즉 선거제도에 따
라 친복지세력의 정치세력화와 선거전략에서 복지정책이 차지하는 비
중이 달라질 수 있기 때문에 유사한 수준의 민주주의 국가에서도 복지
국가의 발전이 차이가 나타날 수 있다(Schneider and Ingraham 1984).

일반적으로 비례대표제는 소선구제에 비해 공공재로서의 사회
복지정책을 강화시키는 데 보다 우호적인 조건을 조성한다. 비례대표
제의 경우 정당은 전국을 상대로 전체 유권자의 지지를 동원하기에
유리한 사회복지 같은 공공정책을 통해 득표를 꾀할 유인이 크다. 그
리고 비례대표제에서는 선거에서 득표율에 따라 의석을 차지할 수 있

기 때문에 신생 친복지 좌파정당도 의회진입이 용이하다. 더욱이 비례대표제와 선택적 친화성을 가지는 다당제에서는 특정 정당이 의회에서 단독으로 절대적 다수를 차지하는 것이 현실적으로 어렵다. 따라서 집권을 위해서 다른 여러 정당들과 연합하여 정부를 형성하는 경향이 있으며(Lijphart 1999), 이때 좌파세력이 정부구성에 참여할 가능성도 상대적으로 높다(Huber, Ragin and Stephens 1993; 문우진 2011; Iversen and Soskice 2006; Crepaz 1998).

반면, 소선거구제(SMD: Single-Member Districts)에서는 전체 국민에 영향을 미치는 사회정책을 추동시키려는 정당의 노력에도 불구하고 그러한 노력이 투표에 의해 보상될 가능성이 상대적으로 적다. 오히려 소선구제도에서는 정당의 정책보다는 해당 지역구의 출마자에 대한 선호가 승패를 가르고, 해당지역 개발 현안이나 지역구 서비스 확충과 관련한 선거공약이 훨씬 더 득표에 유리하다(Estevez-Abe 2008; Stratmann and Baur 2002). 더욱이 투표자들 역시 합리적 행위자로서 자신들이 행사한 표가 사표가 되는 것을 바라지 않기 때문에 차선일지라도 유력한 정당의 후보자에게 투표하는 경향이 크며, 이는 양당제적 정당체계로 이어지게 된다. 따라서 소선거구제하에서는 신생 정당이 새롭게 의회에 진출할 가능성은 낮으며, 좌파정당들이 정부구성에 참여할 가능성도 상대적으로 낮을 수밖에 없기 때문에 복지국가가 상대적으로 저발전된 상태로 유지될 수밖에 없다는 것이다(양재진·정의룡 2012, 86).

즉, 한국에서 복지제도의 저발전(underdevelopment)은 선거제도를 통해서도 설명될 수 있다. 한국에서 소선거구제라는 선거제도는 세 가지 형태로 한국에서 복지정치의 등장과 복지국가의 발전을 제약했다. 첫째, 신생 군소정당이 국회에 진입하기에는 너무 높은 진입장벽이 존재했다. 국회의원선거에서 비례대표의원이 존재하기는 했으나 비례대표 의석을 배정받기 위한 조건이었던 지역구 의원 5명 당선 또는 전국 득표율 3~5%이라는 벽은 너무나 높았다. 따라서 현실적으로 군소정당들이 비례대표의석을 배정받는 것은 거의 불가능했다. 둘째, 두 개의 거대한 보수정당들은 보다 많은 유권자의 지지를 획득하기 위해 중도로 수렴되는 경향을 보였다. 세 번째로, 대부분의 정치인들이 국회의원선거에서 당선되기 위해 지역구와 관련된 이슈나 정책에 압도되었기 때문에 복지와 같은 국가적 수준의 사회적 이슈에 대해서는 관심을 가지기 어려웠다. 물론 국가적 차원의 지지를 확대하기 위해 사회정책에 관심을 갖는 정치인들도 일부 존재했다. 그러나 대부분의 의원들이 지역주의에 압도되어 있는 상황에서 두 개의 거대한 보수정당을 매개로 친복지 연합을 구조화하는 것은 쉽지 않았던 것이다(Yang 2013).

III. 미국: 적대의 복지정치와 의료보험개혁[12]

1. 경제위기 이후 경제적 양극화와 복지개혁

　　　　미국에서 연방정부 차원의 복지제도는 1935년 사회보장법의 도입으로 시작되었다. 미국은 다른 서구 국가들과 비교해 복지제도를 상대적으로 늦게 도입했으며, 제도의 내용에서 역시 대

[12) 이연호·이재묵·임유진, "불평등한 민주주의와 복지개혁의 정치," 국회입법조사처 연구용역보고서(2015)를 토대로 작성.

상자 포괄범위와 급여 수준에서 상대적으로 낮다. 그리고 미국의 복지 모델은 당면한 문제를 해결할 수 없는 소수의 사람들만을 대상으로 임시적인 의미의 복지가 제공되는 잔여적인 성격을 가지고 있다. 즉 복지의 일차적 책임은 국가에 있지 않으며, 개인의 자립이 불가능한 경우 가족, 친구, 이웃, 기업 등이 복지를 제공한다. 이때 국가의 역할은 최소화되며 정부재정을 통한 복지혜택은 자격심사를 통한 일부 빈곤층만 받을 수 있으며, 나머지 사회보장은 복지수급자가 급여와 기여를 통해 기금을 적립함으로써 혜택을 누리도록 했다(Esping-Andersen 1990).

미국에서 2007년 금융위기 이후 시작된 '대불황(Great Recession)'은 미국사회에 큰 충격을 주었다. 2008년 이후 미국 경제는 마이너스 성장률을 기록했다. 그리고 실업자는 2007년 707만 8천 명에서 2010년 1,482만 5천 명으로 증가했으며, 실업률 역시 4.6%에서 9.6%로 급격하게 상승했다(U.S. Census Bureau 2011, 377-378). 또한 실업 기간도 증가하여 1년 이상 실업 상태인 장기 실업률이 29.0%로 증가했으며, 고용률은 66.7%로 하락했다(OECD 2013). 더욱이 빈곤율도 증가하여, 2012년 현재 빈곤선 이하의 소득을 영위하는 빈곤 인구는 4,650만 명으로 빈곤율은 15.0%에 이르렀다(〈그림 3-3〉 참조).

이러한 정치경제적 상황에서 오바마 행정부는 금융위기에 대응하고 경제침체의 충격을 줄이기 위한 정책을 실시해야 하는 커다란 정치적 부담을 가지고 출범했다. 그리고 금융위기에 대응하고 경제침체의 충격을 줄이고자 오바마 행정부는 양적 완화정책을 선택하고 엄청난 규모의 정부 예산을 투입했다. 2009년 '미국경제회복 및 재투자법(ARRA: American Recovery and Reinvestment Act of 2009)'을 제정하고 총 7,870억 달러의 예산을 투입하여 실업과 빈곤감소를 위한 케인즈주

그림 3-3

미국의 빈곤인구(상단)와 빈곤율(하단)의 변화

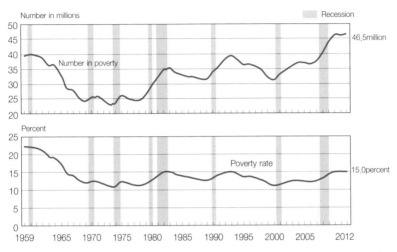

출처: DeNavas-Walt, Proctor and Smith(2013), p.13; 김윤태(2014), p.99에서 재인용

의적 경기부양책을 시도했다. 실제로 ARRA 법안과 예산은 경제 침체에 의한 실업과 빈곤의 증가를 완화하는 효과가 있었던 것으로 나타났다. 그러나 경제위기의 심화에 반발하는 대중적 저항은 미국의 금융시스템과 경제체제에 대한 비판으로 나타나기도 했다. 2011년 미국 뉴욕에서 시작된 '월가를 점령하라(Occupy Wall Street)' 운동은 가장 대표적인 극적인 사례였다.

이러한 사회운동에 대응하여 오바마 행정부는 ARRA 법안의 시효가 끝나는 2011년 9월 추가적인 경기부양책으로 4,470억 달러 규모의 '미국 일자리법(American Jobs Act)'의 도입을 시도하기도 했다. 그러나 민주당이 근소하게 우세했던 상원에서 민주당의 보수적 상원의원들이 반대함으로써 기각되었고(Eberts 2013, 4-6), 사회보장제도의 근본적 확대와 관련하여 커다란 반대에 직면하게 되었다(김윤태 2014).

2. 정치적 양극화의 심화와 적대의 복지정치

미국에서 경제적 양극화와 함께 정치적 양극화 현상도 함께 발생하고 있다. 특히 의회에서 민주당과 공화당은 이념적으로 더욱 양극화되고 있다. 1970년대 중반 이후, 의회 내 민주당과 공화당은 점차 이념적 중도로부터 멀어졌고, 각각 진보와 보수의 양극으로 이동하였다. 이에 따라 양당은 각각 이념적으로 동질성을 나타내게 되었고, 서로에게서 더욱 멀어졌다(Orstein and Mann 2013).

또한 1980년대 이후 각 정당 소속의원들의 50% 이상이 단합하여 정당별로 투표하는 정당투표의 양상도 증가하고 있다. 1980년대 민주당의 결속력이 강화되고 이후 공화당의 결속력이 강화되었다고 볼 수 있는데, 1990년대 중반 미국 의회의 양극화가 최고조에 달했고, 그

○ 그림 3-4　　　미국 상하원의 정치 양극화 지수 추이

1) House: 하원, Senate: 상원, R: 양원 간 상관계수
2) 미국 의회는 2년 단위로 의회가 구성되므로 2년 주기로 측정됨
자료: McCarty et al.(2006); 박복영(2014), p.82 재인용

추이가 이후에도 지속적으로 이어지고 있는 것이다. 오바마 행정부 이후 통합을 과제로 내세우고 있으나 정치적 양극화는 오히려 더욱 심화되고 있다(〈그림 3-4〉 참조).

더욱이 미국의 복지에 대한 인식에서 역시 정파나 이념에 따라 차이가 분명하게 나타나고 있다. 민주당은 정부가 다양한 사회 집단들을 대상으로 "더 많은 것을 해야 한다"고 주장한다. 복지란 경제적 불안정성에 대한 사회안전망의 일부로서 기능해야 한다는 것이다. 가족을 부양하는 데 충분한 일자리와 임금을 보장하는 데 실패할 가능성이 있을 수 있기 때문에 이를 극복하기 위해 실업보험과 같은 복지가 필요하다는 것이다. 나아가 민주당은 정부가 복지증진에 적극적으로 개입해야 한다는 입장을 견지한다. 즉, 정부는 기본적 사회재 보장을 위한 보편적 프로그램을 제공해야 한다는 것이다. 예를 들어, 오바마 대통령과 민주당은 메디케어와 사회보장제도가 미국인의 복지를 위한 근간이 되는 제도라는 인식 아래 두 제도의 유지 혹은 확대를 주장해왔다. 여기에는 물론 정부 지원을 통한 사회보장제도의 유지, 메디케어제도 강화를 통한 노인복지 확대, 최저임금 인상을 통한 저소득층 지원 등이 포함된다.

반면, 공화당은 정부가 "더 작게 행동해야 한다"고 주장한다. 공화당에게 있어 자유로운 시장은 문제가 아닌 해결책이다. 따라서 이들에게 복지란 결혼을 하지 않고 아이를 가지거나, 일자리를 구하는 데 실패한 사람 등에게 보상을 함으로써 빈곤을 발생시키는 것이다. 공화당은 사적 재산의 중요성, 정부 역할의 최소화, 분권화된 정부를 강조하면서 빈곤층을 대상으로 최소한의 안전망을 제공할 것을 주장한다. 그리고 공화당은 시혜를 베풀기보다는 개인의 자립을 돕는 것이 정부의 역할이며, 복지정책의 핵심으로 간주한다. 공화당은 복지가 정부에 대한

표 3-2

	민주당	공화당
정부의 역할	• 큰 정부 • 시장 규제 • 복지증진을 위한 적극적 개입	• 작은 정부 • 최소한의 안전망 제공 • 분권화된 정부
시장의 역할	자유 시장은 문제가 아닌 해결책	• 시장경제는 가족부양 • 일자리 및 임금제공 실패 가능
복지 인식	경제적 불안정성에 대한 사회안전망의 일부	혜택과 보상 제공을 통해 빈곤을 발생시킴
복지정책 방향	• 사회재 보장을 통한 보편적 복지 • 정부지원 통한 사회보장제도 유지	• 경제성장과 일자리 창출을 통한 개인의 경제적 자립 지원
보건의료정책	혜택 확대	• 주정부와 소비자 선택권 확대 • 민간의료보험으로 대체

표 3-2 민주당과 공화당의 복지에 대한 인식 비교

의존성을 높이고, 빈곤퇴치나 저소득층 자립에 도움이 되지 않는다고 비판하면서, 경제성장과 일자리 창출을 통해 개인의 경제적 자립을 지원해야 한다고 주장한다. 또한 의료보험에 있어서도, 개인이 스스로에 맞는 민영의료보험에 가입할 수 있도록 하는 것이 중요하다고 본다.

3. 의료보험개혁의 복지정치: 환자보호 및 적정가격 의료보장법 (Patient Protection and Affordable Care Act)

미국에서는 지속적인 의료보험 관련 개혁 시도에도 불구하고, 공공의료개혁은 이루어지지 않았다. 1934년 루스벨트 대통령의 국민건강보험 논의가 미국의학협회 등의 반대로 실패한 이후, 트루먼, 케네디, 존슨, 카터 등도 건강보험개혁을 시도했으나 실패하였다. 1990년대 이후 클린턴 대통령도 민간 보험업자들 간 경쟁에 근간을 둔 보편적 의료체제 도입을 추진하기도 했으나, 건강보장법의 의회 통과는 실패할 수밖에 없었다.

2008년 취임한 오바마 대통령 역시 대선과정에서부터 전 국민 의료보험을 공약하였고, 의료지출의 효율성 제고, 의료의 접근성 향상, 공공의료 및 예방서비스 강화를 목표로 내세우고 취임 직후부터 의료보험개혁을 시작했다. 그러나 공화당은 오바마가 제시하였던 공공의료보험을 반대하고 있었으며, 공화당과 민주당 간 의료보험에 대한 입장 차이는 지속되고 있었다.

이에 따라 오바마 대통령은 2008년 취임 직후부터 의료보험개혁

● 표 3-3　　　　민주당과 공화당의 의료보험에 대한 입장 차이

	민주당	공화당
의료비 인하	• 질병예방 및 만성질환관리 프로그램 강화 • 고액 중증환자 양산 차단 • 효율적 관리기반 구축 • 건강보험사와 제약사 간 경쟁 촉진	• 국가위원회 역할과 안락사 증가 우려 • 환자지원 입원급증 재정부담 • 관료조직의 의료행위 장악 및 감독 • 메디케어 축소 우려
보험혜택 확대	• 보험 미가입자 공공보험 제공 • 과거 병력 보험가입 거절 방지 • 공적보험과 민간보험 경쟁 • 소비자 선택권 부여	• 전 국민건강보험 및 공적보험 반대 • 사회주의적 발상 • 중산층 부담 증가
재원조달 방안	연 소득 25만 달러 이상 대상의 세금인상	증세 통한 조달 반대

에 착수했으나 2009년 이후에야 본격적으로 법제화 과정이 시작되었다. 당시 하원은 민주당, 상원은 공화당이 다수당이었다. 2010년 초부터 민주당 지도부는 포괄적 의료보험 개혁안을 통과시키면서도 주어진 조건에서 개혁적 요소를 최대화하기 위해 논의를 거듭했다. 이들은 상하원 단일안 마련을 위한 조정위원회 구성 대신, 하원이 상원안을 수용하여 통과시키고, 수정이 필요한 부분은 하원이 별도의 수정안을 내는 방식으로 처리하기로 합의할 수 있었다. 결국 2010년 3월 하원은 상원안을 찬성 219, 반대 212로 원안 통과시켰고, 오바마 대통령의 서명 이후 법제화가 이루어졌다(김영순·조형제 2010).

결과적으로 오바마케어 법안의 통과에 따라 미국에서 최초로 국민 의료보험이 가능하게 되었다. 또한 기존의 무보험자 중 약 3,200만 명이 보험 혜택을 받을 수 있게 되었고, 저소득층의 메디케이드 혜택이 확대되었다. 또한 비영리기간에서 운영하는 의료보험거래소(Health Insurance Exchange)에서 보험에 가입할 수 있게 되었으며, 의료회사의 부당성의 통제가 가능하게 되었다. 그러나 이 법은 법안 논의과정에서 정부 주도의 공공의보(public option)가 삭제되었고, 비용절감이나 의료의 질 혁신을 기대하기 어려운 점은 한계로 지적된다.

● 표 3-4 미국 하원의 환자보호 및 적정가격 의료보장법 표결 결과(2010년)

	찬성	반대	Not Voting
공화당원	0	178	0
민주당원	219	34	0
무소속	0	0	0
합계	219	212	0

출처: http://clerk.house.gov/evs/2010/roll165.xml

IV. 한국: 합의의 복지정치와 기초노령연금의 도입

1. 경제위기와 복지개혁

　　　　한국에서 국가의 모든 자원을 경제개발에 투자하는 발전국가적 경제성장 전략은 지속적인 경제성장과 완전고용을 가능하게 함으로써 실질적인 수준에서 복지수요를 충족시켜왔다. 따라서 복지와 같은 분배의 문제는 부차적인 문제였으며, 사회복지를 통한 분배에 대한 사회적 요구 역시 나타나지 않았다. 이러한 점에서 한국의 발전국가는 국가의 사회복지를 저발전시켜왔음에도 불구하고 역설적으로 경제적 성취를 통해 결과적 측면에서 한국의 복지수준을 높여왔던 것으로 평가되기도 했다(양재진 2002, 535-538).

　　그러나 1997년 말 외환위기와 이를 극복하기 위한 IMF의 구조조정 프로그램은 한국사회에 커다란 충격을 주었다. 외환위기 이후 경제성장은 마이너스 성장(-6.9%)을 기록했고 부도기업의 수는 1997년 하반기 동안 월 1,000개 내외였던 수준에서 1997년 12월 3,197개, 1998년 2월 3,377개로 급증했다(국가통계포털, httep://kosis.kr, 검색일: 2015. 3.12). 또한 노동시장 유연화개혁은 대량해고와 대체노동을 허용함으로써 종신고용의 형태로 유지되어온 고용의 안전성을 크게 훼손했다. 실업률은 1997년 2.6%에서 1998년 7.0%로 급증했으며, 비정규직 노동은 더욱 일상화되었다(박보영 2010, 16). 또한 최저생계비 이하의 절대적 빈곤율은 1997년 3.9%에서 1998년 7.4%, 1999년 8.0%로 크게 증가했으며, 상대적 빈곤율 역시 1997년 8.7%에서 1999년 10.8%로 증가했다.

결국 1997년 외환위기를 계기로 한국에서 저실업-고성장의 발전국가적 신화가 무너지게 되었다. 그리고 저성장-고실업으로 인한 빈곤 및 분배구조의 악화 등으로 인해 발전국가에 기반한 한국적 복지수요 충족 시스템의 기저가 흔들렸다. 김대중 정부는 사회안전망의 필요성에 대한 사회적 공감대를 기반으로 강력한 신자유주의적 구조조정에도 불구하고 복지에 대한 국가의 책임을 점차 강화시켜 나갈 수 있었다(김연명 2002). 예컨대 국민기초생활보장제도를 도입하여 저소득층에 대한 사회안전망을 확충함으로써 비생산적인 계층까지도 공식적 복지제도의 틀 안에 포섭해 나갔으며, 고용보험, 산재보험, 국민연금 등 사회보험의 적용 범위를 확대하는 등 복지제도를 양적으로 성장시켰다(최영준 2011, 24). 동시에 의료보험제도를 통합 및 일원화 등을 통해 복지제도를 질적으로 발전시키기 위한 노력도 함께 이루어졌다.

특히 한국에서 경제위기 이후 한국에서 진행된 다양한 복지개혁 가운데 국민연금개혁의 과정과 결과는 한국 복지국가의 저발전을 설명해왔던 다양한 이론들이 설명하기에는 한계가 있는 현상이었다. 1998년 국민연금의 적용범위가 확대된 이후 국민연금의 장기적 재정안정성을 확보하기 위한 목적으로 시작된 국민연금개혁의 결과 오히려 2007년 기여와는 관계없는 사회수당적 성격의 기초노령연금이 도입되었던 것이다. 물론 보편적 성격의 기초노령연금의 도입만으로 한국의 복지국가가 보편적 성격으로 변화하고 있다고 보기에는 한계가 있다. 그러나 분명한 것은 경제위기라는 복지국가 재편기에 시도된 국민연금개혁이 보편적 성격의 기초노령연금의 도입을 가져왔다는 사실이다. 또한 다양한 복지제도 가운데 연금은 어떠한 복지정책보다도 많은 사회구성원들이 연루되어있으며, 정치적으로 구축된 소유권(politically constructed property right)의 가장 핵심적인 부분으로서 한 국가의 복지정치를 가장 잘 보여준다(Schwartz 2001; 김영순 2011). 이러한 점에서 한국에서는 국민연금개혁을 둘러싼 복지정치를 통해 저발전된 복지국가에서 복지개혁을 가능하게 했던 요인을 이해하고자 한다.

2. 민주노동당과 정당경쟁의 변화: 합의의 복지정치

한국에서는 1987년 민주화에도 불구하고 제17대 국회 이전까지 이데올로기적으로 차별화되는 새로운 정치세력이 국회라는 정당경쟁의 무대에 진입하지 못하고 과거 권위주의 시대의 계승정당들만이 독과점체제를 유지하는 계승형 카르텔 정당체계가 유지되어왔다. 그러나 2004년 선거법 개정 이후 제17대 국회의원선거를 통해 민주노동당이라는 새로운 정치세력의 등장하는 데 성공했다(〈표 3-5〉 참조).[13] 그리

● 표 3-5   제17대 국회의원선거 결과(2004.4.15)

		열린우리당	한나라당	민주노동당	새천년민주당	자민련	국민통합21	무소속	총합
선거결과	지역구	129	100	2	5	4	1	2	243
	전국구	23	21	8	4	0	0	0	56
	합계	152	121	10	9	4	1	2	299

출처: 중앙선거관리위원회(http://nec.go.kr)

---

13) 물론 제17대 국회의원선거에서 당시 집권당이었던 열린우리당은 국회의원 299석 가운데 과반(155석)을 차지함으로써 민주화 이후 처음으로 집권당의 자력으로 여대야소의 단점정부(unified government)를 이루었다.

고 민주노동당은 기존의 보수정당들과는 구분되는 진보적인 이데올로기를 적극적으로 동원함으로써 한국 정당경쟁지형의 공간을 더욱 확대시켰다(강원택 2007, 76-81).

특히 민주노동당은 복지와 관련하여 상당히 진보적인 이데올로기를 견지했다. 복지는 국민들이 향유해야 하는 사회적 권리였으며, '모든 국민들'에게 '적정 수준의 생활을 보장'하는 보편적 복지체제를 지향했다. 그리고 '정상적인 경제활동에 참여할 수 없는 취약집단'이 '정상적인 삶의 질을 유지하도록 하는 책임'이 국가에 있음을 분명히 했다(민주노동당 2004). 그리고 민주노동당의 진보적인 복지 이데올로기는 제17대 국회의원 선거공약을 통해서 구현되었다. 민주노동당은 기초생활보장제도의 적용을 받지 못하는 최저생계비 이하의 빈곤층에게까지 기초생활보장제도의 적용을 확대하고, 공적연금의 급여를 축소하지 않는 무기여 기초연금을 도입을 통해 국민연금의 공공성을 지키면서 국민의 노후를 보장하는 보편적인 제도로 발전시킬 것임을 공약했다(민주노동당 2004).

그러나 민주노동당의 화려한 등장에도 불구하고 여전히 민주노동당과 같은 중소정당이 의회에서 온전한 행위자로 역할을 담당하기에는 현실적으로 한계가 있었다. 우선 민주노동당은 교섭단체를 구성하는 것이 불가능했다. 교섭단체는 일정 수 이상(20인)의 정당 소속의원 또는 무소속의원들로 구성되어 국회 내 의정활동을 효율적으로 수행하기 위한 활동단위이다. 그러나 국회 구성단계에서부터 국회를 운영하는 전반에 걸쳐 교섭단체들 간의 상호 협의를 통해 이루어지고 있다는 점에서 교섭단체의 구성 여부에 따라 의회정치 내에서 정당의 지위가 달라진다(김현우 2001, 613-614; 박경미 2006, 127-133). 또한 효율적인 의사진행을 위한 의안발의 조건이 2003년 대표발의자를 포함해 10인 이상의 찬성으로 의안을 발의할 수 있도록 개정되었다. 그러나 여전히 일반 의안에 대한 수정동의(제95조 제1항), 위원회에서 폐기된 의안의 본회의 부의요구(제87조 제1항) 등에 있어서는 발의자를 포함하여 의원 30인 이상의 찬성이 요구되고 있었다(국회사무처 2004, 286-292).

　따라서 민주노동당의 등장으로 새롭게 제기된 복지라는 이슈에 대해 주류 정당들은 순응전략(accommodative strategy)으로 선회하면서 적극적인 관심을 표명하기 시작했다.[14] 같은 한나라당은 보수적 유권자들로부터 상당히 안정적인 지지를 획득하고 있었기 때문에 진보적 의제로의 이동을 통해 오히려 지지계층의 확대를 기대할 수 있었으며(Haupt 2010), 민주노동당의 기초연금에 대한 국민적 관심을 고조시킴으로써 경쟁정당인 열린우리당의 지지기반을 잠식시키고자 했다. 마찬가지로 열린우리당은 보수적이었던 한나라당의 진보적인 정책에 대응하여 복지 이슈에 대한 관심을 가질 수밖에 없었던 것이다. 그리고 이러한 과정에서 한국에서 민주화 이후 분출되기 시작한 다양한 사회적 요구들이 복지 문제로 점차 수렴되어갔으며, 정당들은 이데올로기적 차이에도 불구하고 보다 구체적인 수준에서 복지정책을 둘러싼 정책경쟁을 시작했다(이지호 2008; 임유진 2014).

　열린우리당과 한나라당의 이데올로기 차이는 2006년 정당 강령

---

14) 이는 제17대 국회 이전 주류정당들이 새로운 틈새정당(niche party)이었던 노동정당이 제기한 노동 이슈에 대해 지속적으로 적대전략(adversarial strategy)으로 대응했던 것과는 완전히 상반된 것이었다(지은주 2013; Meguid 2005). 예컨대 제16대 국회에서 '국민승리 21'이 제기했던 노동 이슈에 대해 당시 집권당이었던 새천년민주당은 구조조정과 노동유연성 확대가 불가피한 선택이었음을 강조했으며, 한나라당 역시 구조조정을 기업의 자율에 맡겨야 한다고 주장하면서 친자본적인 입장을 대변했다(박찬표 2005, 244-246).

개정 이후에도 지속되었으나 선거공약을 통한 복지정책은 수렴되어갔다(열린우리당 2006; 한나라당 2006). 사실 복지 이데올로기의 차원에서 열린우리당은 빈곤층에만 한정되는 복지정책이 아니라 사회안전망의 수혜범위와 급여수준을 확대함으로써 중산층까지 포함하는 전 국민복지시대를 구현하고자 했던 반면, 한나라당은 장애인을 비롯한 원천적인 약자와 시장경제에서 낙오된 취약·소외계층을 대상으로 최소한의 인간다운 삶을 영위하고 경쟁대열에 합류할 수 있도록 돕는 안전망을 추구할 것임을 표방했다.

그러나 복지 이데올로기적 차이에도 불구하고 정당들의 복지정책은 수렴되었다(열린우리당 2006; 한나라당 2006). 열린우리당이 장애수당과 의료지원 지급액을 현실화하고 지원 대상을 차상위계층까지로의 확대를 통해 '전 국민복지시대'로 나아가고자 하는 분명한 의지를 보여주었던 것과 마찬가지로 한나라당은 전액 국고로 운영하는 '기초연금'의 도입을 통한 국민연금개혁을 최우선 공약으로 제시하는 등 상당히 진보적인 복지공약을 제시하고 있었다. 그리고 복지 이데올로기와는 별도로 복지정책의 수렴을 통해 정당 한 합의의 복지정치가 나타날 수 있었던 것이다.

3. 국민연금개혁의 복지정치

1998년 12월 31일 개정된 국민연금법은 국민연금제도의 적용 대상을 모든 국민으로 확대했다는 점에서 국민연금제도의 외형적 성장을 가져왔다. 그러나 2008년 본격적인 국민연금의 지급 이후 발생할 수 있는 장기적 재정안정성의 확보 등 국민연금제도의 질적인 발전이 요구되기 시작했다. 특히 2003년 노무현 정부가 실시한 국민연금발전위원회의 재정추계 결과, 국민연금의 보험료율(9%)과 급여율(60%)이 유지되는 경우 2034년까지 적립기금은 계속 증가하지만 2036년 이후 적자가 발생하기 시작하여 2047년에는 기존의 적립금이 모두 소진될 것이 예상되었다. 또한 2004년 5월 국민연금기금 고갈에 대한 사회적 우려가 점차 확산되는 등 국민연금의 지속가능성에 대한 사회적 요구는 점차 확대되고 있었다(『경향신문』, 2004.6.3).

국민연금에 대한 여론의 관심 집중과 함께 정당경쟁지형의 변화로 인해 한나라당과 열린우리당은 제17대 국회가 개원하기 이전부터 민주노동당의 핵심 이슈 가운데 하나인 복지와 관련된 이슈를 선점하기 위해 경쟁했다. 한나라당은 5월 말부터 보건복지위원회 지원을 희망하는 의원들과 외부 전문가 등으로 구성된 국민연금 태스크 포스팀을 구성하여 관련 단체와 학계 등의 여론을 수렴했다. 마찬가지로 열린우리당 역시도 여·야 및 시민단체가 모두 함께 참여하는 「국민연금제도발전을 위한 특별위원회」를 구성하여, 6월 7일 첫 토론회를 개최하는 등 국민연금제도의 개선을 추진해나가고자 하는 의지를 보여주었다(『내일신문』, 2004.6.9).

기본적으로 국민연금개혁과 관련하여 정당들은 국민연금의 지속가능성을 확보하기 위해 보험료율을 높이고 급여는 낮추는 개혁이 필요하다는 것에 대해서는 모두 동의하고 있었다. 그러나 문제는 이러한 개혁으로 인해 발생할 수 있는 사각지대를 해결하기 위한 방법과 관련하여 정당 간에 분명한 입장차가 존재했다는 점이다. 열린우리당은 기초노령연금을 새롭게 도입하는 것에 대해 부정적인 입장이었다. 그러나 2006년 지방선거에서 참패한 후 효도연금법안을 제출하면서 사각지대 해소를 위한 새로운 복지제도 도입으로 정책이 수렴되어갔다.

반면, 한나라당은 국민연금을 소득비례부분과 기초연금으로 이원화하는 구조개혁을 선호하고 있었다. 따라서 초기 연금개혁안에서는 소득비례부분의 급여율을 20%로 대폭 축소하도록 했다. 대신 보편적 급여의 기초연금을 2008년 65세 이상 노인 60%에게 평균소득 5%를 지급하는 것에서 시작해서 2028년 전체 노인에게 평균소득의 20% 지급하는 것으로 확대함으로써 국민연금의 소득보장의 한계를 보완하도록 했다.[15]

그리고 점차 열린우리당의 수정안에도 기초노령연금이라는 사각지대 해소를 위한 방안이 등장하면서 정당 간 정책수렴이 나타나기 시작했다. 2006년 12월 열린우리당은 국민연금의 급여 수준을 2008년부터 50%로 인하하고, 보험료율을 2008년 9%에서 2018년까지 매년 0.39%씩 인상하여 12.9%까지 단계적으로 인상하는 대신 기초노령연금을 별도로 신설하여 65세 이상 노인들을 대상으로 재정이 허락하는 범위 내에서 연금가입자 평균소득의 5%를 지급하도록 했다. 그러나 열리우리당의 수정안이 보건복지위원회를 통과했음에도 불구하고 법제사법위원회에서 이를 계류시켜버리는 등 정당 간 입장에 대한 차이는 지속되었다(제262회 국회(정기회) 법제사법위원회 회의록 제27호(2006.12.6.)).

마침내 2007년 4월 2일 법제사법위원회에서 계류 중이던 열린우리당의 수정안이 본회의에 상정되었다. 그러나 한나라당과 민주노동당

---

15) 한나라당은 제17대 국회의원선거에서 국민연금의 적용대상을 전 국민으로 확대하고, 무기여 기초연금을 도입하는 구조적 개혁을 공약했다. 그러나 한나라당의 계획에 대해 국민연금을 소득비례연금과 기초연금으로 구분하고, 장기적으로는 소득비례연금을 시장화 해버리기 위해 국민연금에 가입할 수 없는 사람들에 대해서 조세로 충당하는 기초연금을 도입하려 한 것이었다는 비판이 제기되기도 했다.

은 여전히 열린우리당의 수정안에 합의하지 못했기 때문에 새로운 수정안을 제출했다.[16] 그러나 민주노동당은 수정대안을 발의를 위한 동의를(30인) 확보하기에는 현실적으로 한계가 있었으며, 한나라당 역시 한나라당의 의석(127석)만으로는 새롭게 제출하려는 수정안이 본회의를 통과하는 것이 불가능할 것이 예상되었다(강병익 2012, 52). 따라서 민주노동당의 공조제의를 한나라당이 수용하면서 한나라당과 민주노동당은 공동으로 국민연금법 수정안을 마련했던 것이다. 한나라당과 민주노동당의 공동수정안은 국민연금의 보험료율은 9%로 유지하면서 급여율은 40%로 인하하는 대신 65세 이상 80%에게 전액 국고로 부담하는 급여율 5%(9만 원)에서 10%(17만 원)의 기초연금을 도입하는 것을 내용으로 했다는 점에서 민주노동당의 기존 견해와 거의 유사한 것이었다(『한국경제』, 2007.3.2).

　　본회의 표결 결과 한나라당과 민주노동당의 수정대안과 보건복지위원회의 수정안은 모두 부결되었다. 그리고 국민연금법 개정안의 부결에도 불구하고 부수적 성격의 '기초노령연금'에 대한 표결이 진행되었다. 한나라당은 민주노동당과의 공조를 깨고 적용대상(65세 이상 노인 60~80%)과 급여수준(6%)을 확대시킨 기초노령연금 수정안을 단독으로 제출했다(제266회 국회(임시회) 본회의 회의록 제1호, 2007.4.2.). 물론 한나라당의 단독 수정안이 본회의를 통과하기는 한계가 있었다. 그러나 한나라당 의원들은 수정안의 부결 이후 열린우리당의 개정안에

---

16) 국회법은 상임위원회에서 심사보고하거나 제안한 법률안에 대해 의원 30인 이상의 찬성과 연서로 법률안에 대한 수정동의를 제출할 수 있도록 한다(「국회법」제95조 1항). 수정동의는 소관위원회에 소속되지 않은 의원들이 심의 중인 법률안에 대해 의견을 개진할 수 있는 기회라는 점에서 중요한 의미를 가지는 것으로 평가된다.

표 3-6

제266회 국회(임시회) 본회의 표결 결과(2007.4.2)

구분	표결 안건	투표	찬성	반대	기권	결과
국민연금	수정 대안(한+민노)	270	131	136	3	부결
	위원회 대안	270	123	124	23	부결
기초노령	수정 대안(한)	266	122	144	0	부결
	위원회 대안	265	254	9	2	가결

출처: 국회사무처(2008), pp.84-106

대해 찬성으로 선회함에 따라 열린우리당의 기초노령연금만이 가결되었다(〈표 3-6〉 참조).

국민연금의 장기적 재정안정화를 추구하기 위한 국민연금개혁의 결과 기초노령연금만이 도입되었다. 사실 기초노령연금은 장기적 재정안정화를 위해 국민연금이 더 내고(12.9%) 덜 받도록(50%) 개정되는 경우 사각지대의 문제를 해소하기 위해 만들어진 부수적인 법안이었다. 따라서 국민연금개혁 없이 기초노령연금만이 도입됨으로써 오히려 정부에 추가적인 재정부담이 발생되었기 때문에 국민연금의 제도적 개혁에 대한 논의가 다시 진행될 수밖에 없었다.

그리고 2007년 6월 29일 한나라당과 열린우리당은 기존 논의들을 토대로 국민연금의 개혁과 기초노령연금 도입에 합의했다. 국민연금의 보험료율을 현재 9%를 유지하면서, 급여율을 현재 60%에서 2008년 50%로 인하하고, 2009년부터 매년 0.5%씩 인하하여 2028년 이후 40%로 낮추도록 했다. 또한 기초노령연금은 2009년부터 65세 이상 노인의 70%에게 평균소득의 5%를 지급하는 것으로 시작해 2028년까지 가입자 평균소득의 10%가 되도록 단계적으로 인상하는데 합의했다. 결국

	재석	찬성	반대	기권	표결 결과
국민연금법	171	154	5	12	가결
기초노령연금법	172	158	5	9	가결

○ 표 3-7 제268회 국회(임시회) 본회의 표결 결과(2007.7.3)

2007년 7월 3일 본회의에서 한나라당과 열린우리당 모두의 압도적인 지지를 받으며 통과되었다(〈표 3-7〉 참조).

결과적으로 제17대 국회의원선거를 통해 민주노동당이 국회에 진입함으로써 노동자와 계급이라는 새로운 차원의 이슈가 정치화되었으며, 복지정책을 중심으로 한 정당경쟁이 본격적으로 나타나기 시작했다. 그러나 민주노동당의 등장은 정당 이데올로기적 경쟁에 새로운 차원으로 등장했지만, 민주노동당의 정책능력의 한계로 인해 보수정당 간의 정당경쟁지형에 변화가 발생했다. 그리고 국민연금제도의 재정안정성을 확보하기 위한 국민연금의 개혁과정 속에서 정당 간 이데올로기적 차이에도 불구하고 일시적으로라도 복지정책의 일부를 공통적으로 수용하는 '합의의 복지정치'를 통해 마침내 기여와 관계없는 사회수당적 성격의 기초노령연금이 도입될 수 있었다. 그리고 새롭게 도입된 기초노령연금은 일정액이 아니라 급여율을 바탕으로 한 공적연금으로 설계된 것이었다는 점에서 사회연대적 복지국가를 지향했던 것이었다(김영순 2011, 154).

V. 결론

　　본 장에서는 미국과 한국에서 경제위기 이후 추진된 복지개혁의 결과 서로 상반된 결과가 나타난 이유를 정당경쟁의 차이를 통해 이해하고자 했다. 미국과 한국에서 복지국가의 저발전을 가져온 다양한 정치경제적 조건이 지속되었음에도 불구하고 한국에서는 기초노령연금의 도입을 통해 보편적 성격의 복지제도가 도입되었으나, 미국에서는 행정부 수장의 복지개혁에 대한 강한 의지에도 불구하고 눈에 띄는 급진적 개혁을 이루어내지는 못했다.

　　본 연구는 이러한 차이의 원인을 양국의 의회 정치과정에서 발견되는 양극화 패턴, 그리고 정치적 역학관계의 차별성에서 찾고자 하였다. 한국의 경우 제17대 국회에서 민주노동당의 등장 이후 복지 이슈에서 당파성에 상관없는 진보로의 수렴이 관측되었고, 결국 이것이 한국에서 사회보험 형식의 기초노령연금 및 기초연금의 도입으로 귀결되었다. 반면 미국의 경우 경제위기 이후 정치적 양극화는 더욱 악화되었으며 이러한 이념적 갈등의 중대는 의회 내에서 과감한 복지개혁을 채택을 어렵게 하였다.

　　결국, 양국 모두에서 복지개혁의 정치과정에 있어서 의회의 역할이 주요한 요소로 기능했으나, 복지 이슈를 둘러싼 의회 내 역학관계의 차별성이 두 나라에서 상이한 복지개혁의 결과를 불러온 것이다.

강원택. 2007. "민주화 20년의 정당정치: 평가와 과제."『경제와 사회』 74.

국회사무처. 2004. 『국회법 해설』. 서울: 국회사무처.

권혁용. 2011. "정당, 선거와 복지국가: 이론과 선진민주주의 국가의 경험."『의정연구』 17(3).

김연명. 2002. "김대중 정부의 사회복지정책: 신자유주의를 넘어서." 김연명 편. 『한국복지국가 성격논쟁 I』. 서울: 인간과 복지.

김영순. 2011. "한국의 복지정치는 변화하고 있는가?: 1, 2차 국민연금 개혁을 통해 본 한국의 복지정치."『한국정치학회보』 45(1).

김영순·조형제. 2010. "'개혁의 법칙'을 넘어?: 2009~2010 미국 의료보험 개혁의 정치."『경제와 사회』 87.

김윤태. 2014. "금융위기 이후 미국의 빈곤정책과 복지정치의 변화: 오바마 행정부의 사례."『비판사회정책』 43.

김현우. 2001. 『한국국회론』. 서울: 을유문화사.

Rimlinger, Gaston V. 저, 비판과 대안을 위한 사회복지학회 역. 1991. 『사회복지의 사상과 역사』. 파주: 한울.

마인섭. 2002. "압축산업화. 취약한 노동 그리고 낙후된 복지국가."『한국정치외교사논총』 23(2).

문우진. 2011. "정치정보, 정당, 선거제도와 소득불평등." 『한국정치학회보』 45 (2).

박경미. 2006. "민주화 이후 한국 정당정치의 경쟁구조: 의제설정자의 등장과 의회정치의 지배구조." 『사회연구』.

박복영. 2014. "미국의 소득불평등과 정치양극화." 『비교경제연구』 21(1).

박용수. 2005. "1990년대 스웨덴 실업급여의 구조조정: 권력자원 모델의 적합성?" 『한국정치학회보』 39(3).

박찬표. 2004. "국회위원회제도의 이론적 탐색과 개선방안." 『헌법학연구』 10 (3).

송호근·홍경준. 2006. 『복지국가의 태동: 민주화, 세계화, 그리고 한국의 복지정치』. 서울: 나남.

양재진. 2005. "한국의 대기업 중심 기업별 노동운동과 한국 복지국가의 성격." 『한국정치학회보』 39(3).

_____. 2011. "제도주의적 권력자원론과 복지국가 형성의 다양성." 『한국사회정책』 18(4).

양재진·정의룡. 2012. "복지국가의 저발전에 관한 실증연구: 제도주의적 신권력자원론의 타당성 검토." 『한국정치학회보』 46(5).

이연호·이재묵·임유진. 2015. "불평등한 민주주의와 복지개혁의 정치." 국회입법조사처 연구용역고서.

이지호. 2008. "한국 정당경쟁의 이념적 차원: 권위주의 시기와 민주주의 시기의 비교." 『한국과 국제정치』 제24권 제4호.

임유진. 2014. "정당경쟁과 국민연금개혁의 복지정치." 『한국정치학회보』 48 (1).

지은주. 2013. "동아시아 계급정당의 성공과 실패: 정당경쟁이론을 통해서 본 한국과 대만의 노동정당." 『한국정치학회보』 47(3).

최영준. 2011. "한국 복지정책과 복지정치의 발전: 생산주의 복지체제의 진화." 『아세아연구』 54(2).

Allan, James, and Lyle Scruggs. 2004. "Political Partisanship and Welfare State Reform in Advanced Industrial Societies." *American Journal of Political Science* 48(3).

Atkinson, Anthony B. 2015. *Inequality: What Can Be Done?* Cambridge: Harvard University Press. 장경덕 역. 『불평등을 넘어: 정의를 위해 무엇을 할 것인가』. 서울: 글항아리.

Briggs, Asa. 1961. "The Welfare State in Historical Perspective." *European Journal of Sociology* 2(2).

Crepaz, Markus M. 1998. "Inclusion versus Exclusion: Political Institutions and Welfare Expenditures." *Comparative Politics* 31(1).

DeNavas-Walt, Carmen, Bernadette D. Proctor, and Jessica C. Smith. 2013. "Income, Poverty and Health Insurance Coverage in the United States: 2012." U.S. Census Bureau.

Duverger, Maurice. 1964. *Political Parties: Their Organization and Activity in the Modern State.* London: Methuen.

Esping-Andersen, Gøsta. 1990. *The Three Worlds of Welfare Capitalism.* Cambridge: Cambridge University Press. 박시종 역. 2007. 『복지 자본주의의 세 가지 세계』. 서울: 성균관대학교 출판부.

Estevez-Abe, Margarita. 2008. *Welfare and Capitalism in Postwar Japan.* Cambridge: Cambridge University Press.

Golden, Miriam, and Jonas Pontusson. 1992. *Bargaining for Change: Union Politics in North America and Europe.* Ithaca: Cornell University Press.

Huber, Everlyne, Charles Ragin, and John D. Stephens. 1993. "Social Democracy, Christian Democracy, Constitutional Structure, and the Welfare State." *American Journal of Sociology* 99(3).

Iversen, Torben, and David Soskice. 2006. "Electoral Institutions and the Politics of Coalition: Why Some Democracies Redistribute More Than Others." *American Political Science Review* 100(2).

Katzenstein, Peter J. 1985. *Small States in World Markets: Industrial Policy in Europe*. Ithaca: Cornell University Press.

Korpi, Walter. 1989. "Power, Politics and State Autonomy in the Development of Social Citizenship: Social Rights during Sickness on 18 OECD Countries since 1930." *American Sociological Review* 54 (3).

_____. 2006. "Power Resources and Employer-centered Approaches in Explanations of Welfare States and Varieties of Capitalism: Protagonists, Consenters, and Antagonists." *World Politics* 58(2).

Korpi, Walter, and Joakim Palme. 1998. "The Paradox of Redistribution and Strategies of Equality: Welfare State Institutions, Inequality and Poverty in the Western Countries." *American Sociological Review* 63.

Lijphart, Arend. 1999. *Patterns of Democracy: Government Forms and Performance in Thirty-Six Countries*. New Haven: Yale University Press.

Mann, Thomas E., and Norman J. Ornstein. 2013. *It's Even Worse than It Looks: How the American Constitutional System Collided with the New Politics of Extremism*. New York: Basic Books.

McCarty, Nolan, Keith T. Poole, and Howard Rosenthal. 2006. *Polarized*

America: The Dance of Ideology and Unequal Riches. Cambridge: MIT Press.

Meguid, Bonnie M. 2007. *Party Competition between Unequals*. Cambridge: Cambridge University Press.

Nijhuis, Dennie Oude. 2009. "Revisiting the Role of Labor: Worker Solidarity, Employer Opposition, and the Development of Old-Age Pensions in the Netherlands and the United Kingdom." *World Politics* 61(2).

Olsen, Gregg M., and Julia S. O'Connor. 1998. "Understanding the Welfare State: Power Resources Theory and Its Critics." In Julia S. O'Conner and Gregg M. Olsen, eds. *Power Resources Theory and the Welfare State: A Critical Approach*. Toronto: University of Toronto Press.

Polanyi, Karl. 1964. *The Great Transformation: The Political and Economic Origins of Our Time*. Boston: Beacon Press.

Schneider, S., and P. Ingraham. 1984. "The Impact of Political Participation on Social Policy Adoption and Expansion: A Cross-national, Longitudinal Analysis." *Comparative Politics* 17(1).

Schwartz, Herman. 2001. "Round up the Usual Suspect! Globalization, Domestic Politics, and Welfare State Change." In Paul Pierson, ed. *The New Politics of Welfare State*. Oxford: Oxford University Press.

Yang, Jae-jin. 2013. "Parochial Welfare Politics and the Small Welfare State in South Korea." *Comparative Politics* 45(4).

OECD SOCX (www.oecd.org/social/expenditure.htm).

제 **4** 장

불평등 완화를 위한 조세개혁 실험:
프랑스 사회당 정부의 75% 소득세

❖

오창룡
서울시립대학교

불평등 완화를 위한 조세개혁 실험:
프랑스 사회당 정부의 75% 소득세

Ⅰ. 서론

2012년 5월 프랑스 대선에서 올랑드 대통령이 당선되면서 사회당(PS)은 약 20년 만에 정권 교체에 성공하였고 집권 직후 추진한 부자증세 개혁은 세계적인 관심을 끌었다. 2012년 9월에는 루이비통모네헤네시(LVMH: Louis Vuitton Monët Hennessy) 그룹의 아르노(Bernard Arnault) 회장이 벨기에 국적을 신청했으며, 12월에는 프랑스 국민배우 드파르디유(Gerard Depardieu)가 프랑스 국적을 포기했다. 두 인물 모두 사회당 정부의 징벌적인 조세개혁 때문에 프랑스를 떠나려 한다고 밝혔다. 2014년 세계적으로 열풍을 일으킨 피케티(Thomas Piketty)의 『21세기 자본(*Capital in the Twenty-First Century*)』은 불평등 해소를 위한 부유세 도입 필요성을 강조한 저서였다. 나아가 피케티가 2015년 1월 올랑드 대통령의 부유세 개혁에 큰 실망을 표하고 레종

도뇌르 훈장을 거부한 사건 역시 세인의 주목을 받았다.

통상적인 의미의 순부유세란 특정 시점에 특정 기준 이상 소유한 자산 전체에 대한 조세를 의미한다. 순부유세를 실제로 채택하고 있는 국가는 현재 극소수에 불과하다. 반면 광의의 부유세에는 상속 및 증여세, 부동산세 등이 포함되며, 세계적으로 상당수의 국가들이 부분적으로 도입하고 있다. 논란의 여지가 있을 수 있으나 종합부동산세를 도입한 한국 역시 광의의 부유세 시행국가로 볼 수 있다. 이러한 부유세의 도입 필요성은 다양한 논거로 뒷받침되어 왔다. 부유세를 통해 부의 재분배와 사회적 연대를 형성할 수 있으며, 많은 부를 소유한 사람은 그에 상응하여 기회와 소득을 더 얻을 수 있기 때문에 추가적인 납세의무를 져야 한다는 것이 주요 근거였다. 부유세를 통해 정부가 조세회피를 통제하는 자료를 확보할 수 있고, 납세자들은 자산을 효율적으로 활용하여 생산성을 높일 수 있다는 것도 장점이다(Macdonnell 2013, 15-17).

프랑스는 대표적인 부유세 도입 국가 중의 하나로 이미 1980년대부터 순부유세제도를 시행해왔다. 그런데 흥미롭게도 2010년대 프랑스에서 부유세 논쟁이 다시 불거지고 있다. 사회당 올랑드 대통령이 집권 직후 추진한 부자증세 개혁은 통상적 의미의 순부유세와는 다른 방식이다. 현 정부의 조세개혁은 임금격차 완화를 위한 소득세율 개혁을 의미했으며, 부유세와 동일한 취지를 가졌다. 그러나 사회당 정부가 입법화를 시도한 75% 최고세율은 유럽에서 전례를 찾기 힘든 수준이었으며, 대기업 간부, 스포츠 선수, 배우 등 고액 연봉자들은 이에 대해 격렬한 반대 의사를 표명했다.

이하에서는 올랑드 정부가 불평등 완화를 위한 조세개혁에 착수하게 된 배경을 살피고, 소득세개혁의 영향과 한계를 분석할 것이다.

이를 위해 먼저 2절에서는 논의 배경이 되는 유럽의 부유세 도입 현황을 개괄하고, 전통적인 의미의 순부유세가 어떤 한계를 보여 왔는지 살필 것이다. 3절에서는 프랑스에서 제기된 소득세개혁 필요성에 대한 이론적 논의를 분석하고, 주요 논자인 피케티와 사회당의 개혁안을 비교할 것이다. 4절에서는 프랑스의 소득세개혁 입법화 과정에서 드러난 쟁점을 살피고, 고소득 연봉자에 대한 소득세율 인상이 최종적으로 어떤 결과를 가져왔는가를 평가할 것이다. 마지막으로 이러한 프랑스 소득세개혁 시도가 한국에 주는 정책적 시사점을 찾아볼 것이다.

II. 유럽의 부유세 도입 현황

1. 부유세 개념과 유럽의 도입 사례

유럽연합에서 2014년도에 발행한 「조세정책보고서」에 따르면 광의의 부유세에 상속 및 증여세(inheritance and gift tax), 부동산세(real estate and land tax), 소유재산에 대한 순부유세(net-wealth tax)를 포함시키고 있다(European Commission 2014, 4-9). 먼저, 상속 및 증여세란 상속 및 증여를 통해 이전되는 자산의 시장가치에 대해 부여되는 조세이며, 유럽의 경우 대체로 상속세는 누진세율, 증여세는 고정세율을 적용한다. 유럽연합 28개 회원국 중 상속세는 20개국, 증여세는 21개국이 채택할 정도로 보편화되어 있다. 다음으로, 부동산세는 부동산 보유와 양도소득에 대한 세금이며 대체로 지방정부가 관할 지역 부동산에 대해 부과하는 형태이다. 상속 및 증여세의 경우 일반적으로 다양한 예외조항이 부여되는 것과 달리, 부동산세는 조세대상이 분명하고 세원포착이 용이하다. 때문에 말타를 제외한 27개 회원국이 부동산세를 도입하고 있으며, 이는 전체 세원에서 주요한 비중을 차지한다. 마지막으로, 순부유세는 일반적으로는 특정 시점에 소유한 자산 전체에 대한 조세를 의미하며, 자동차세와 같이 특정 자산에 대한 세금을 포함할 수 있다. 순부유세는 자산 소득 혹은 자본이득의 유량(flow)에 대한 과세가 아니며, 대체로 가구가 소유한 총자산에서 부채를 차감한 저량(stock)을 과세대상으로 한다(노영훈 2012, 22-24).

유럽의 부유세 현황을 살피면 다음과 같다. 유럽연합 회원국 중 전체 조세와 GDP에 대한 부유세 비중이 가장 높은 국가는 프랑스로, 부유세가 전체 조세의 약 7.5%, GDP의 약 3.3%에 해당한다. 스페인, 영국, 벨기에는 두 영역에서 부유세 비중이 모두 상위권에 속하는 국가들로, 전체 조세의 약 6% 이상을 부유세로 충당하고 있으며 이는 GDP 대비 약 2% 이상에 해당한다. 이탈리아, 덴마크, 폴란드, 그리스 등의 국가들이 그다음 순위를 차지하고 있는데, 복지 수준이 높은 것으로 평가되는 네덜란드, 독일 및 핀란드, 스웨덴이 중동부 유럽 국가들과 함께 중하위권에 있다는 것을 확인할 수 있다(〈그림 4-1〉 및 〈그림 4-2〉 참고).

후술하겠지만, 부유세를 채택했던 북유럽국가들이 1990년대 이후부터 순부유세를 중단해왔기 때문에 이러한 패턴이 등장했다고 볼 수 있다. 전체적으로 볼 때, 부동산세가 유럽 부유세의 대부분을 차지한다는 것을 확인할 수 있으며, 상속 및 증여세와 순부유세의 비중은 크지 않다. 특히 자동차 등의 특정 자산에 한정하지 않고 전체 자산에 부과

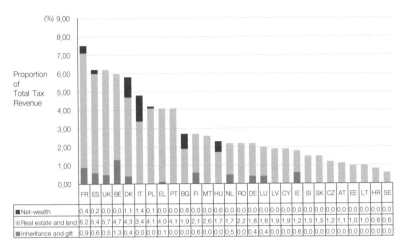

그림 4-1 유럽연합 회원국 부유세의 전체 조세 대비 비중

(%)	FR	ES	UK	BE	DK	IT	PL	EL	PT	BG	FI	MT	HU	NL	RO	DE	LU	LV	CY	IE	SI	SK	CZ	AT	EE	LT	HR	SE
■ Net-wealth	0,4	0,2	0,0	0,0	1,1	1,4	0,1	0,0	0,0	0,8	0,0	0,0	0,6	0,0	0,0	0,0	0,0	0,0	0,0	0,0	0,0	0,0	0,0	0,0	0,0	0,0	0,0	0,0
■ Real estate and land	6,2	5,4	5,7	4,7	4,3	3,4	4,1	4,0	4,1	1,9	2,1	2,6	1,7	1,7	2,2	1,8	1,6	1,9	1,2	1,5	1,5	1,2	1,1	1,0	1,0	0,8	0,6	
■ Inheritance and gift	0,9	0,6	0,5	1,3	0,4	0,0	0,0	0,1	0,0	0,0	0,6	0,0	0,0	0,5	0,0	0,4	0,4	0,0	0,0	0,6	0,0	0,0	0,0	0,0	0,0	0,0	0,0	0,0

출처: European Commission(2014), p.6

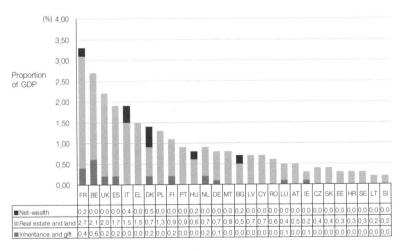

그림 4-2 유럽연합 회원국 부유세의 전체 GDP 대비 비중

(%)	FR	BE	UK	ES	IT	EL	DK	PL	FI	PT	HU	NL	DE	MT	BG	LV	CY	RO	LU	AT	IE	CZ	SK	EE	HR	SE	LT	SI
■ Net-wealth	0,2	0,0	0,0	0,0	0,4	0,0	0,0	0,5	0,0	0,0	0,0	0,2	0,0	0,0	0,0	0,2	0,0	0,0	0,0	0,0	0,0	0,2	0,0	0,0	0,0	0,0	0,0	0,0
■ Real estate and land	2,7	2,1	2,0	1,7	1,5	1,5	0,7	1,3	0,9	0,9	0,6	0,7	0,7	0,8	0,5	0,7	0,7	0,6	0,6	0,4	0,5	0,2	0,4	0,4	0,3	0,3	0,2	0,2
■ Inheritance and gift	0,4	0,6	0,2	0,2	0,0	0,0	0,2	0,0	0,2	0,0	0,2	0,1	0,0	0,0	0,2	0,0	0,0	0,0	0,1	0,0	0,1	0,0	0,0	0,0	0,0	0,0	0,0	0,0

출처: European Commission(2014), p.6

하는 순부유세를 채택한 국가는 유럽연합 회원국 중 스페인과 프랑스 2개국뿐이다.

순부유세를 채택하고 있는 프랑스와 스페인 사례를 비교하면 다음과 같다. 먼저, 프랑스의 순부유세에 해당하는 연대자산세(Impôt de

표 4-1   프랑스와 스페인의 순부유세 비교

구분	프랑스	스페인
도입 시기	1982년 도입, 1987년 폐지, 1989년 부활	1978년 도입, 2008년 폐지, 2011년 부활
조세명	Impôt de solidarité sur la fortune	Impuesto sobre el Patrimonio
부과주체	중앙정부	지방정부
납세의무	개인	개인
세수비중	전체 세금의 0.49% GDP 대비 0.22%	전체 세금의 0.23% GDP 대비 0.08%
과세대상	회기연도 1월 1일 기준 보유 자산에 대해 가구단위 부과	자산 보유자 개인
과세표준	€ 0 - € 800,000 0% € 800,000 - € 1,300,000 0.5% € 1,300,000 - € 2,570,000 0.7% € 2,570,000 - € 5,000,000 1% € 5,000,000 - € 10,000,000 1.25% € 10,000,000 이상 1.5%	€ 0 - € 167,129 0.20% € 167,129 - € 334,252 0.30% € 334,252 - € 668,499 0.50% € 668,499 - € 1,336,999 0.90% € 1,336,999 - € 2,673,999 1.30% € 2,673,999 - € 5,347,998 1.70% € 5,347,998 - € 10,695,996 2.10% € 10,695,996 이상 2.50%
과세상한	소득세와 순부유세의 합이 연간소득의 50%를 넘을 수 없음	소득세와 순부유세의 합이 연간소득의 60%를 넘을 수 없음

출처: 노영훈(2012), pp.30-33; European Commission(2014), pp.206-207 solidarité sur la fortune)는 1982년 사회당 정부 시기에 도입되었는데, 1987년 우파 동거정부의 등장으로 폐지되었다가 사회당이 재집권한 1989년 이후에 정착했다. 연대자산세는 기본적으로 최상위 자산보유자들에 대한 자본세이며, 이들에게 높은 세금을 부과하는 것이 사회통합을 위해 정당하다는 취지에서 출발했다. 당시 사회당 정부는 연대자산세 총액을 최저생계비 지원예산액과 유사한 수준으로 조정하여 부의 이전 효과를 가시화했다. 현재 연대자산세의 과세 주체는 중앙정부이며 최고 1.5%의 누진세율이 적용된다(노영훈 2012, 45). 반면 스페인의 순부유세는 1978년 도입되었으며, 2008년 유럽 금융위기를 배경으로 폐지되었다가 2011년 재도입됐다.

스페인의 경우 프랑스와 달리 지방정부가 순부유세 징수를 관할하며, 누진세율을 기반으로 특정 부유층이 아닌 전 국민의 현금, 부동산, 투자자산에 대해 최고 2.5%의 세율을 적용한다(세법연구센터 2014). 두 국가 모두 소득세와 순부유세의 합이 연간소득의 일정 비율(프랑스 50%, 스페인 60%)을 넘을 수 없도록 제한하는 과세상한을 설정하고 있으며, 순부유세가 전체 세수에서 차지하는 비율은 각각 0.49%, 0.23%에 불과하다.

2. 순부유세의 실효성에 대한 비판

유럽연합 회원국에서 OECD 회원국 전체로 확대하더라도 유럽의 노르웨이, 스위스, 아이슬란드만이 일반 자산 전체를 대상으로 한 순부유세를 채택하고 있다. 노르웨이의 경우 2006년 이전까지 15만 1천 크로네 이상, 2006년 이후부터는 20만 크로네 이상의 자산을 보유한 모든 개인에게 순부유세를 부과했다. 이에 따라 납세자는 전체 세금이 소득의 80% 이하인 경우 자산의 1.1%, 80%를 초과하는 경우 자산의 0.6%에 해당하는 부유세를 납부한다(Edson 2012, 8). 스위스의 경우 전체 자산에 대해 부과하는 부유세를 지방정부별로 상이하게 제도화하고 있는데, 과세대상 자산 역시 5만 스위스 프랑 이상(오프발덴 주)에서 20만 2천 스위스 프랑 이상(추크 주)까지 주별로 상이하다. 아이슬란드는 금융위기에 대응하기 위한 비상조치로 2010년부터 2013년까지 순부유세를 부활시켰다. 7천5백만 아이슬란드 크로나 이상의 자산을 소유한 개인, 1억 아이슬란드 크로나 이상의 자산을 소유한 부부에게 전체 자산 1.5%의 부유세를 부과한다. 아이슬란드 정부는 전체 인구의 2.2%에 해당하는 부유층으로부터 GDP의 0.3%에 해당하는 세수를 확보하고 있다(McDonnell 2013, 22-23).

전체 자산에 대한 순부유세를 채택한 국가가 이처럼 극소수인 원인은 기존 채택국가가 1990년대 이후 순부유세를 중단해 왔기 때문이다. 과거 순부유세는 유럽에서 일반적으로 도입된 조세제도였으나 1994년 오스트리아, 1997년 덴마크와 독일, 2001년 네덜란드, 2006년 핀란드와 룩셈부르크, 2007년 스웨덴이 순부유세를 폐지했다. 스페인과 아이슬란드 역시 제도를 부활시키기 이전인 2008년과 2006년에 각각 순부유세를 중단한 바 있다(McDonnell 2013, 22-23). 유럽 각국에서 순부유세를 폐지한 이유는 다음과 같다.

첫째, 자본 유동성의 증가가 순부유세 폐지의 직접적인 원인이 되었다고 볼 수 있다. OECD 가입국의 절반이 1990년대까지 순부유세를 유지하고 있었으나, 2000년대 이후 채택국가의 수가 급감했다. 순부유세가 경제성장에 다양한 경로로 부정적인 영향을 미친다는 판단이 확산되었다. 순부유세는 자본순회수율을 하락시키고 기업인들이 위험

부담을 감수하지 않도록 유도하기 때문에 투자에 악영향을 미칠 수 있다는 근거였다(Hansson 2010, 22-23; 33-34). 노르웨이에서 발행된 보고서에 따르면 순부유세가 투자를 직접 저하시키지는 않더라도 기업에 대한 자금 공급을 일정 부분 제한하는 결과를 가져왔다(Edson 2012, 10-11).

둘째, 순부유세의 비중이 전체 조세의 1%를 넘기 힘든 상황에서 다른 세수보다 행정비용이 높게 발생했다. 네덜란드는 관련 행정비용이 징수 총액의 26.4%에 달해 순부유세를 폐지한 대표사례이다. 이는 일반 소득세 징수에 4.8%의 행정비용이 발생하는 것보다 5배 많은 수치였다(McDonnell 2013, 21). 스페인에서 역시 세수증대 효과가 실제로 크지 않다는 비판이 부각됐으며, 스페인 세법개정위원회는 지방정부마다 다양한 세율과 면세기준으로 통일성 없이 부과하는 부유세를 폐지하도록 권고하고 있다(세법연구센터 2014).

셋째, 순부유세가 자산의 불균등한 분배를 가져온다는 주장이 있다. 순부유세가 기업 자본과 개인 자산에 동시에 부과되기 때문에 기업과 주주의 이중과세 문제가 발생한다. 나아가 다양한 자산에 대해 상이한 기준이 책정되면서 과세 형평성 문제도 제기된다. 일례로 독일의 경우 연방헌법재판소가 1995년 순부유세 위헌 판결을 내렸는데, 판결 근거는 특정 자산이 시장가격으로 평가되는 반면, 부동산이 시장가격보다 낮은 기준으로 과세되어 시장왜곡이 발생한다는 것이었다. 당시 독일에서는 법률상으로 3~6년 간격으로 부동산 가치평가가 이뤄져야 했으나, 30년간 제대로 시행이 되지 않아 다른 자산에 비해 부동산 가치가 저평가되어 있었다. 독일 연방헌법재판소는 순부유세가 동일한 수준의 자산에 대해 상이한 조세를 부과하기 때문에 형평성 원리에 어긋난다고 보았고 이에 제도를 폐지했다(Silfverberg 2002, 371).

넷째, 순부유세의 부 이전 효과가 기대만큼 크지 않았다. 프랑스의 경우 순부유세로 최저임금수당(RMI)의 재원을 충당한다는 명분으로 제도화가 가능했다. 그러나 다른 국가의 경우 일반적으로 순부유세 도입에도 불구하고 소득 및 자산 격차가 상당히 증가했다. 순부유세 세율을 상속세 수준으로 높게 설정할 수 없는 한, 불평등 해소에 제대로 기여할 수 없을 것이라는 주장은 순부유세의 취지를 약화시키는 보다 본질적인 비판이었다(Heckly 2004, 49-50).

III. 프랑스 사회당 정부의 소득세개혁 방안

1. 소득세개혁을 통한 부자증세 필요성

프랑스에서 사회 불평등 개선을 위해 추가적인 조세개혁이 필수적이라는 주장은 다양한 반론에 직면해 왔다. 프랑스는 이미 유럽 국가들 중에서 재분배 취지의 조세정책을 가장 강력하게 도입한 국가였고, 앞서 살펴보았듯이 순부유세정책을 유지하고 있는 매우 드문 국가 중의 하나이다. 프랑스의 부유세 개혁이 불필요하다는 주장의 추가적인 논거는 다음과 같다. 첫째, 2011년 기준으로 프랑스는 OECD 가입국 중 국내총생산 대비 공공지출이 56.2%로 59.3%인 덴마크 다음으로 높다. 둘째, 프랑스는 북서부 유럽 국가들 중 빈곤율이 상대적으로 낮은 국가이다. 1997년부터 2010년까지 독일, 덴마크, 핀란드, 스웨덴의 빈곤율이 각각 3.6%, 3.3%, 5.1%, 4.9% 상승한 반면, 프랑스는 1.5% 감소하는 추세를 보였다. 셋째, OECD 가입국 중 국민조세부담률(의무징수율)이 세 번째로 높은 수준이다. 2011년 기준으로 프랑스 의무징수율은 덴마크 48.1%, 스웨덴 44.5%에 이어 44.2%를 기록했다. 의무징수율을 높게 유지할 수 있는 원인은 프랑스가 상대적으로 높은 주민세를 보유하고 있으며, 고용주 분담금과 사업세(taxe professionnelle) 비중이 크기 때문이다(Sterdyniak 2014, 61-66).

그럼에도 불구하고 프랑스의 조세제도가 더 이상 불평등을 완화하고 부를 재분배하는 기능을 수행하지 못한다는 비판이 지속되어 왔다. 불평등을 심화시키는 소득격차 증대가 주요한 쟁점이었다. 2010년 「장 조레스 재단 보고서」에 따르면 프랑스 중간소득 계층의 소득이 정체되는 반면, 고소득자의 소득이 급격히 증대하면서 불평등구조가 심화됐다. 2007년 프랑스 CAC 40의 상장 기업주가 평균적으로 거둔 연간소득은 4백70만 유로로 프랑스 최저임금의 308배에 달했다. 프랑스 대기업가의 소득은 영국과 함께 유럽에서 가장 높은 수준을 유지하는 반면, 중산층 이하의 소득 수준은 2008년 금융위기 이후 급격히 악화되었다. 고용불안 증대로 소득불평등은 더욱 심화되는 추세이다(Muet 2010, 50-54).

아울러 프랑스 현 조세제도가 불평등 개선에 기여하지 못한다는 주장의 보다 구체적인 근거는 간접세 비중이 증대한 반면, 소득세 비중이 상대적으로 낮다는 점이다. 프랑스의 경우 소득세에 해당하는 두 가지 조세가 있는데, 하나는 개인 소득세(IRPP: l'impôt sur le revenu des personnes physiques)이며, 다른 하나는 사회복지재원으로 활용되는 사회보장분담금(CSG: contribution sociale généralisée)이다. 두 조세를 합하더라도 유럽연합 회원국들과 비교할 때 전체 세수에서 소득세가 차지하는 비중이 낮은 편인데, 2004년 기준 유럽연합 15개국의 평균소득세 비중이 9.1%인 반면, 프랑스의 경우 7.4%에 불과했다(Muet 2010, 58). 다양한 조세감면(niche fiscale)과 조세상한(bouclier fiscal)의 혜택이 부유층에게 돌아간다는 지적도 주요한 쟁점이다. 2003년 프랑스는 G7 국가 중 가장 많은 조세감면 조항을 보유한 국가였으며, 2003년 418개였던 조세감면 가능조항이 2008년 486개로 더욱 증가했다. 전체 소득의 50% 이상을 세금으로 부과할 수 없게 제한한 규정 역시 고소득 계층에게 유리한 조치이다. 실질적으로 소득의 50% 이상이 과세 대상이 될 수 있는 계층은 150만 유로 이상의 재산을 가진 부유층이며, 2009년 기준으로 이들은 평균 37만 4천 유로의 세금을 환급받았다(Muet 2010, 63-66).

따라서 부유계층의 '자산'이 아닌 '소득'에 대한 세금인상이 필요하다는 주장이 제기됐다. 개혁 필요에 대한 보다 체계적인 근거를 제시한 학자는 피케티이다. 피케티는 2011년 발행한 『조세혁명을 위

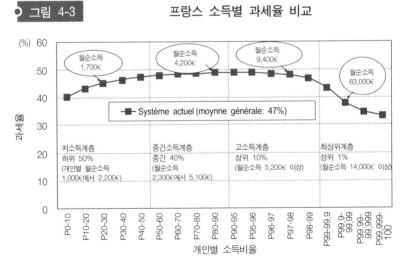

그림 4-3   프랑스 소득별 과세율 비교

출처: Landais, Piketty & Saes(2011), p.50

하여(*Pour une Révolution Fiscale*)』라는 저서에서 프랑스의 조세제도에 누진세율이 제대로 적용되는가라는 의문을 제기하고, 역누진세 형태를 띠는 소득세율 구조를 정비하는 것이 불평등 완화를 위해 필수적이라고 주장했다. 〈그림 4-3〉은 18세에서 65세까지 최소 80% 이상 전일제로 근무하는 인구의 전체적인 과세 현황을 나타내고 있다. 가로축 P0-10에서 P80-90까지는 하위 10% 소득 계층에서부터 10% 단위로 소득 수준을 구분하고 있으며, 그래프의 우측은 상위 5%부터 상위 0.001%의 고소득 계층에 대한 과세율을 나타내고 있다. 평균 세율은 47%로 나타나고 있는데, 중간소득계층까지는 소득에 대한 누진세율이 적용 되나 상위 5% 이상부터 역누진세율이 적용된다는 사실이 드러난다 (Landais, Piketty & Saes 2011, 48-53).

프랑스 소득세에 왜 이러한 역누진성이 등장하게 되었는가는 〈그림 4-4〉에서 제시된다. 피케티는 사회분담금, 소비세(부가가치세 등),

● 그림 4-4 프랑스 소득별 과세 세부내역 비교

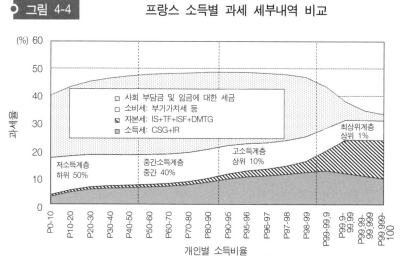

자본세(법인세(IS: impôt sur les bénéfices des sociétés)+토지세(TS: taxe foncière), 자산세(ISF: impôt sur la fortune), 상속세(DMTG: droits de successions), 소득세(사회보장분담금 및 일반 개인 소득세)를 구분하고, 계층별로 각 조세를 어떤 비율로 납부하는가를 비교했다. 자본세의 경우 고소득 계층일수록 높게 부담하고 있다는 사실을 부정할 수 없다. 그러나 소득세의 경우 최상위계층에 역누진적인 과세가 이뤄지며 자본세의 누진율을 일부 상쇄하는 효과를 갖는다. 또한 노동자들의 봉급에 부과되는 사회분담금(퇴직 및 실업 연금공제)은 이보다도 훨씬 불균등한 형태를 보이는데, 최상위 계층은 예외적으로 사회분담금을 적게 납부하는 것으로 나타난다(Landais, Piketty & Saes 2011, 52-53).

2. 소득세 개혁안의 등장: 피케티와 사회당 과세지표 비교

피케티의 『조세혁명을 위하여』는 2012년 대선 직전에 발표되었으며 다분히 현실정치적인 문제의식을 내포하고 있었다. 피케티는 조세개혁이 대선 캠페인의 화두가 되었으나, 조세개혁이 왜 필요한지, 어떻게 개선할지 누구도 구체적인 해답을 내놓지 않는다고 비판하면서 조세의 누진성을 회복할 수 있는 구체적인 대안을 제시하겠다고 밝혔다(Landais, Piketty & Saes 2011, 7-9). 이는 조세개혁을 핵심 공약으로 내세웠던 사회당을 향한 정책 제안의 성격을 갖는 것이었다. 사회당은 이미 2010년 5월 「새로운 경제, 사회, 환경 모델을 위하여」라는 당 대회 보고서를 통해 피케티의 분석과 유사한 정책안을 제시한 바 있었다. 사회당은 피케티가 주장한 바와 같이 개인 소득세와 사회보장분담금으로 분리된 복잡한 소득세를 하나의 조세로 통합하여 제도의 효율성을 높이고 동시에 누진성을 증대시킬 수 있다는 대안을 제시했다 (Landais, Piketty & Saes 2011, 78; Parti socialiste 2010, 21-22). 2012년에 발표된 올랑드 대통령의 선거공약집에도 유사한 내용이 반영되었는데, 총 60개의 주요 공약 중 14번 공약은 개인 소득세와 사회보장분담금을 결합하여 단순화된 소득세를 도입한다는 주장이었으며, 15번 공약은 15만 유로 이상 연소득에 대한 45% 과세지표를 신설하고, 1만 유로 이상의 조세감면 혜택을 받을 수 없도록 하여 부의 재분배를 촉진하겠다는 내용이었다(Holland 2012, 15).

그럼에도 사회당은 2012년 12월까지 조세개혁과 관련한 구체적인 대안을 제시하지 못했다. 당초『조세혁명을 위하여』가 새롭게 제시한 대안은 소득세제도를 단순화하면서 누진세율을 높일 수 있는 단일한 과세지표였다. 이 지표는 6개의 과세구간에 대해 최저 2%부터 최고 60%까지 적용되는 유효세율 기준을 제시했으며, 모든 개인의 월별 소득에 일괄적으로 과세하는 방식이었다(Landais, Piketty & Saes 2011,

---

◦ 표 4-2　　　　　　　　『조세혁명을 위하여』의 과세지표

월별 개인순소득 (Revenu brut mensuel individuel)	유효세율(평균세율) (%) (Taux effectif d'imposition)	월별 세금 (Impôt mensuel)
1,100€	2	22€
2,200€	10	220€
5,000€	13	650€
10,000€	25	2,500€
40,000€	50	20,000€
100,000€	60	60,000€

출처: Landais, Piketty & Saes, *Pour une Révolution Fiscale* (2011), p.79

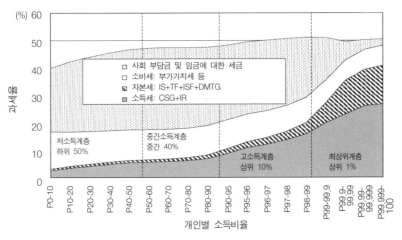

○ 그림 4-5   소득세 누진성 강화에 따른 조세개혁 결과 예상

출처: Landais, Piketty & Saes(2011), p.91

79). 피케티는 〈표 4-2〉와 같은 간결한 과세지표를 통해 행정적인 편리
성을 높일 수 있을 것이라 기대했으며, 〈그림 4-5〉처럼 누진성을 확보
한 조세 구조를 복원할 수 있다고 보았다. 피케티의 과세지표는 매우
단순화된 형태이며 파급효과까지 계량화할 수 있다는 장점이 있었다.
그럼에도 4만 유로 이상 고소득자에게 50% 이상의 유효세율로 원천
징수하는 조세 방식을 사회당이 그대로 수용하는 데에는 한계가 있었
다. 피케티와 올랑드는 2011년 1월 31일 인터넷 매체 『메디아파르
(*Médiapart*)』에서 공개 토론을 개최하였는데, 이 자리에서 피케티와
올랑드는 소득세개혁 필요성에 대한 공감보다도 이론과 현실 간의 큰
괴리가 확인됐다. 올랑드는 소수 고소득자에게 높은 세율을 적용하는
것은 부의 이전효과가 크지 않다고 공격한 반면, 피케티는 사회당이
구체적인 과세 지표를 제시하지 못하면서 조세혁명을 논할 수는 없다

고 반박했다.[17)]

2012년 2월 27일 올랑드가 TF1 방송출연에서 새로운 과세지표를 발표하면서 사회당 개혁안의 구체적인 윤곽이 드러나기 시작했다. 올랑드는 피케티 안과 유사하게 기존 소득세 과세지표에 '10만 유로 이상 1백만 유로 미만' 및 '1백만 유로 이상'의 두 구간을 추가하고 가구 단위가 아닌 개인 단위의 과세 방식을 제안했는데, 최고세율을 75%로 확정하여 피케티의 구상보다 표면적으로 더 파격적인 형태를 띠게 되었다. 하지만 피케티의 과세지표는 유효세율(전체 소득에 대한 세율)로, 올랑드의 과세지표는 한계세율(과세구간별로 세율 적용)로 작성되었기 때문에 고소득 계층에 대한 실질적인 세금은 올랑드의 과세지표를 따를 때 더 적게 납부할 수 있다.[18)]

그럼에도 유럽 전역을 통틀어 75%의 과세지표는 전례 없이 높은 수치였기 때문에 프랑스 국내뿐만 아니라 전 세계적인 이목을 끌기에 충분했으며, '75% 과세(taxe à 75%)'라는 표현은 사회당 정부의 강력한 부자증세정책을 상징하게 되었다. 때문에 사회당의 과세지표 공약이 실질적인 내용에 있어서 피케티 안보다 다소 완화된 형태일지라도, 우파정당 및 기업가들의 거센 비판에 직면할 수밖에 없었으며, 이미 기존 부유세의 실효성에 대한 논쟁이 지속되는 상황에서 고소득자에 대한

---

17) "Hollande-Piketty: confrontation sur la révolution fiscale," *Mediapart*(2011/ 1/31); 오창룡(2014), pp.265-270에서 재인용.

18) 연소득이 120만 유로에 대한 소득세를 예로 들면, 사회당 과세지표의 구간별 한계세율을 따를 때 약 58만 유로가 과세되며, 평균세율은 약 48%이다. 반면 피케티의 과세지표를 따를 때 소득세는 60%의 평균세율을 적용받아 72만 유로가 된다. 1백만 유로 이상의 고소득층 입장에서는 사회당 안을 따르는 것이 상대적으로 유리하다(오창룡(2014), p.270).

사회당의 과세지표

과세지표(연소득)	한계세율(%)
6,088€까지	0
12,146€까지	5.5
26,975€까지	14
72,317€까지	30
150,000€까지	41
1,000,000€까지	45
1,000,000€ 초과	75

출처: Samuel Laurent, "Tranche d'imposition à 75%: ce que signifie la proposition de M. Hollande," *Le Monde* (2012년 2월 28일 자)

추가적인 증세가 어떤 효과를 가져올 것인가에 대한 비판이 제기됐다.

IV. 소득세개혁 논쟁과 정책적 함의

1. '75% 소득세율' 입법화를 둘러싼 논쟁

　　　　2012년 집권한 사회당 입장에서 75% 소득세율 개혁은 1995년 이후 약 20년 동안 이어진 우파정치와 차별화할 수 있는 핵심정책이었다. 특히 전임 사르코지 대통령의 임기 기간 중 친기업, 친부유층 개혁 성향에 대한 사회적 불만이 고조된 시기였기 때문에 좌파정당으로서의 상징성을 부여할 수 있는 부자증세 개혁은 올랑드 대통령의 임기 초반 국정운영 지지율 확보를 위한 선결조건이었다. 소득세 개혁안은 사회당 지지층뿐만 아니라 극좌성향 유권자로부터 역시 높은 지지를 얻었으므로, 사회당이 좌파정당 전체로부터의 대표성을 확보할 수 있는 수단이기도 했다. 나아가 부자증세 개혁은 2012년 대선 당시 1차 투표에서 10%에 가까운 득표로 명성을 얻는 데에 성공했던 좌파전선(FG)의 멜랑숑(Jean-Luc Mélenchon)을 견제하는 정책으로서의 의미도 있다. 2013년 1월 설문조사에 따르면 75% 소득세율정책은 사회당(PS)뿐만 아니라 좌파전선(PG) 지지자 80% 이상의 지지를 얻는 데에 성공했다. 하지만 우파성향 유권자들은 전반적으로 반대 의사를 드러내어 극명한 대비를 보였다. 중도 독립민주연합(UDI) 지지자들의 78%, 중도우파 대중운동연합(UMP, 현 프랑스 공화당(LP)) 지지자들의 84%가 반대한 것으로 조사됐다.

표 4-4　　　75% 소득세율 개혁에 대한 여론(지지정당별)

지지정당	찬성	반대
좌파	80	20
좌파전선(FG)	82	18
사회당(PS)	81	19
녹색당	69	31
중도(Modem)	45	55
우파	27	73
독립민주연합(UDI)	22	78
대중운동연합(UMP)	16	84
국민전선(FN)	44	56

출처: Ifop 2013년 1월 설문(http://www.ifop.com/?option=com_publication&type=poll&id=2139)

75% 소득세율 개혁에 대해 지지정당별로 선명한 입장차가 드러난 상황에서 프랑스 전체 국민의 여론이 양분된 것이 분명하다. 각각의 입장이 어떠한 근거에 기반하고 있는가를 추적하는 것은 쉽지 않으나, 재정법안을 다룬 하원 본회의에서 관련 논쟁을 확인할 수 있다. 프랑스 의회 내에서 75% 소득세율 개혁안을 공식화한 문서는 2013년 프랑스 하원 재정위원회의 보고서였다. 75% 소득세율 개혁은 재정법안 8조에서 '고소득자에 대한 예외적 연대 분담금(Contribution exceptionnelle de solidarité sur les très hauts revenus d'activité)'이라는 명칭으로 다뤄졌다. 보고서는 대통령 공약에 따라 1백만 유로 이상의 연소득에 대해 75%의 한계세율을 2년간 한시적으로 도입한다는 내용을 명시했으며, 과세대상이 되는 3천6백만 세대 중 0.0042%에 해당하는 1천5백 명으로부터 매년 약 2억 1천만 유로의 세금을 추가로 징수하는 것이 가능하다고 보았다(Assemblé nationale 2012a, 160-172).

재정위원회 위원장 에케르(Christian Eckert) 의원이 출석한 하원 본회의(2012년 10월 19일)에서 75% 소득세율 개혁을 둘러싼 논쟁이 가시화됐다. 대중운동연합(UMP) 및 독립민주연합(UDI) 소속의원들은 개혁안의 폐기를 강력하게 요청했는데, 1백만 유로 이상의 고소득자가 집중되어 있는 프랑스 프로축구 산업에 조세개혁이 악영향을 미칠 것이라는 주장이 우선적으로 제기됐다. 세계화된 축구 경기의 특성상 고액 연봉 선수들의 해외유출 가능성 높으며, 유로 2016 프랑스 개최를 앞둔 상황에서 2만 5천 개의 일자리가 위협받을 수 있다는 근거였다. 고액연봉을 받는 기업 임원들에게 상당한 영향을 미쳐 프랑스 소재 대기업이 인근 유럽국가로 이전할 가능성도 제기됐으며, 국가가 징벌적 과세를 통해 임금 결정에 영향을 미쳐서는 안 된다는 비판이 있었다.[19]

반면, 사회당 소속의원들은 75% 세율이 불평등 확산 '억제' 효과를 갖는다고 강조했다. 이들은 1933년 미국 루스벨트 대통령이 1백만 달러 이상의 고소득자에게 80%의 과세율을 적용한 전례를 인용했으며, 당시 임금 격차가 300배가 넘는 현실에서 불가피한 조치였다고 설명했다. 프랑스에서도 임금격차에 대한 국민적 분노가 심각하게 확산되고 있기 때문에 고액 연봉 억제가 필요하다는 주장이었다.[20]

우파의원들의 격렬한 반대와 폐기안 제출에도 불구하고 2012년 10월 23일 75% 소득세율 관련 재정법안은 찬성 319표, 반대 223표, 기권 10표로 가결됐다. 여론조사 결과와 마찬가지로 정당별로 극명한 대비를 이루는 표결 결과가 나타났는데, 사회당, 녹색당, 급진좌파당 의원들은 전원 찬성표를 던진 반면, 대중운동연합과 독립민주연합(UDI) 소속 우파의원들은 전원 반대표를 던졌다. 좌파전선 소속의원들이 기권표를 던진 것은 대표 멜랑숑이 소득세개혁에 대한 지지의사를 철회했기 때문이었다. 멜랑숑은 당초 올랑드의 소득세율 개혁이 다분히 징벌적이며 기업 자본에 대한 과세를 언급하지 않는 불충분한 조치라 보았다.[21] 본회의에서 공산당 상쉬(Nicolas Sansu) 의원은 75% 소득세개혁의 상징적 효과를 기대할 수 있으나, 최고 연봉자에 대한 증세만으로는 불평등 개선 효과가 크지 않을 것이라는 유사한 입장을 표명했다(Assemblé nationale 2012b, 4014).

그런데 공교롭게도 75% 소득세율 도입을 둘러싼 의회 차원의 논

---

19) 다르마넹(Gérald Darmanin), 뵈르트(Eric Woerth), 쿠르송(Charles de Courson), 라무르(Jean-François Lamour) 의원의 발언(Assemblé nationale 2012b, 4012-8).

20) 에케르(Christian Eckert), 카위작(Jérome Cahuzac), 뮈에(Pierre-Alain Muet) 의원의 발언(Assemblé nationale 2012b, 4012-8).

21) "Taxe à 75%: Absurde pour Mélenchon," *L'Express* (2013/4/2).

표 4-5

2013년 재정법 표결 결과

정당	교섭단체	의석수	찬성	반대	기권
사회당(PS)	Groupe SRC	297	286		
대중운동연합(UMP)	Groupe UMP	197		187	
독립민주연합(UDI)	Groupe UDI	29		29	
녹색당(EELV)	Groupe écologiste	17	17		
급진좌파당(PRG)	Groupe RRDP	16	16		
좌파전선(FG)	Groupe GDR	15			10
무소속		7		7	

출처: Analyse du scrutin n° 41 Première séance du 23/10/2012(http://www2.
assemblee-nationale.fr/scrutins/detail/(legislature)/14/(num)/41)

의가 1년 더 연장되는 상황이 발생했다. 2013년 재정법안이 의회를
통과한 직후인 2012년 12월 20일 대중운동연합(UMP)은 75% 소득세율
의 합헌 여부를 프랑스 헌법재판소(Conseil constitutionnel)에 제소했
다. 헌법재판소는 세대가 아닌 개인별 과세로 소득세율을 적용할 때
발생할 수 있는 문제를 지적하여 위헌 판결을 내렸다. 소득세를 개인별
로 계산하는 경우 각 90만 유로의 수입을 올리는 맞벌이부부는 두 명
모두 75% 과세 대상에서 제외되는 반면, 부부 중 한 명만이 120만
유로를 받는 가구는 75% 과세를 물어야 하는 부당한 상황이 발생할
수 있다는 것이었다. 헌법재판소는 이러한 상황이 평등에 대한 몰이해
를 반영하고 있으며, 조세 형평성에 어긋난다고 판단했다(Conseil con-
stitutionnel 2012; 오창룡 2014, 271에서 재인용). 결과적으로 2013년 재
정법안은 소득세개혁 조항 제8조를 삭제한 채로 공표됐다.
 헌법재판소의 위헌 판결에도 사회당 정부는 2013년 3월 최고행정

재판기관인 국사원(Conseil d'Etat)에 자문을 구하여 66.66%의 세율을 최고세율로 설정하는 경우 소득세율 개혁을 재추진할 수 있다는 조정안을 획득한다.[22] 그러나 정부는 뒤이어 1백만 유로 이상 고소득 연봉자에 대한 50% 소득세율을 개인이 아닌 기업에 과세하는 수정안을 발표했는데, 이는 실질적으로 75%의 소득세율을 포기하지 않으려는 조치였다. 1백만 유로 이상의 임금에 대한 기업부담금이 보험료 및 각종 연금을 포함할 경우 통상적으로 25%가 책정된다는 논리였다.[23] 정부는 2013년 및 2014년에 한시적으로 제도를 도입하여 470개 기업에서 총합 약 4억 유로를 징수할 수 있을 것으로 예상했다. 기업 수익의 5%를 과세상한선으로 하는 절충 조항을 포함시켰으나, 고액 연봉자를 다수 고용하고 있는 프로축구 구단들은 파업을 결의하며 격렬히 저항했다.[24]

2013년 10월 하원 본회의에서는 2012년 진행되었던 소득세개혁 논쟁이 반복되었다. 2012년과 마찬가지로 우파의원들은 주요 과세대상이 되는 프로축구 구단의 재정 문제를 제기했는데, 구단에 조세 압박을 가하는 경우 유로 2016과 같은 국가사업에 악영향을 미칠 수 있다고 주장했다. 나아가 변형된 소득세개혁에 대한 비판들이 추가됐다. 5% 과세상한선이 기업에 대한 충분한 보호장치가 되지 못할 것이며, 개인이 아닌 기업에 부과하는 부자증세는 기업 조세부담을 크게 늘리고 조세 형평성에도 어긋난다는 반론이 제기됐다. 1백만 유로 이상 고소

---

22) "La taxe sur les hauts revenus limitée à 66,66%," *Le Figaro* (2013/3/21).

23) "Taxe à 75%: Hollande fait payer les entreprises," *Les Echos* (2013/3/28).

24) "Taxe à 75%: les clubs français votent la grève pour fin novembre," *Le Monde* (2013/10/24).

득 연봉을 얻는 자영업자의 경우 과세대상에서 완전히 벗어난다는 뚜렷한 한계도 존재했다.[25] 반면, 사회당이 소득세개혁을 지지하는 근거는 2012년과 동일했다. 1930년대 미국의 조세정책 사례가 다시 언급되었으며, 재정 적자 개선을 위해 축구 구단을 포함한 전 국민의 참여가 절실하다는 요청이 있었다. 사회당 의원들은 정부가 헌법재판소와 국사원의 판결에 따라 개혁안을 조정했다는 사실을 강조했고, 이미 다수의 기업이 50% 세율에 대해 이미 동참의사를 밝혔다고 주장했다.[26] 이어 2013년 10월 22일 개최된 하원 본회의에서 소득세 개혁안이 포함된 재정 법안은 찬성 316표, 반대 249표, 기권 2표로 가결되었다. 2012

● 표 4-6   2014년 재정법안 표결 결과

정당	교섭단체	의석수	찬성	반대	기권
사회당(PS)	Groupe SRC	292	286		
대중운동연합(UMP)	Groupe UMP	199		198	
독립민주연합(UDI)	Groupe UDI	30		30	
녹색당(EELV)	Groupe écologiste	17	14	1	2
급진좌파당(PRG)	Groupe RRDP	16	16		
좌파전선(FG)	Groupe GDR	15		13	
무소속		8		7	

출처: Analyse du scrutin n° 663 Première séance du 22/10/2013, http://www2.assemblee-nationale.fr/scrutins/detail/(legislature)/14/(num)/663

---

25) 라무르(Jean-François Lamour), 르퓌르(Marc Le Fur), 비지에(Philippe Vigier) 의원의 발언(Assemblé nationale 2013, 10154-10165).
26) 에케르(Christian Eckert), 뮈에(Pierre-Alain Muet), 카즈뇌브(Bernard Cazeneuve) 의원의 발언(Assemblé nationale 2013, 10154-10165).

년 표결과 거의 동일한 결과가 나왔는데, 녹색당을 제외하고 정당별 교차투표는 전혀 등장하지 않았다. 1년 전 기권표를 던졌던 좌파전선 의원들이 우파와 함께 전원 반대 의사를 표명한 것이 유일한 차이였다.

2. 프랑스 소득세개혁의 정책적 한계

최종적으로 등장한 개혁 법안은 '기업이 충당하는 고소득자에 대한 예외적 연대세(taxe exceptionnelle de solidarité sur les hautes rémunérations versées par les entreprises)'의 명칭으로 공식화됐다. 과세대상은 연간 1백만 유로 이상의 소득을 얻는 개인으로 유지되었으나, 1백만 유로 초과 소득의 50%를 기업이 세금으로 부담하는 형태가 되었다. 조세 대상 소득은 급여, 임원 출석 수당(Jetons de présence), 연금, 퇴직금, 수당, 보조금, 상여금, 주식 할당, 무상증자(AGA), 채권 할당 등을 포함했다.

프랑스 조세청의 발표에 따르면 새로운 소득세는 〈표 4-7〉과 같은 형태로 과세된다. 1백만 유로 미만의 소득에 적용되는 세금은 개별적으로 납부하고, 1백만 유로 이상의 소득에 대해 50% 한계세율로 과세되는 금액을 기업이 전액 납부하는 구조이다. 과세대상 소득의 합이 기업 수익의 5%를 넘지 못하도록 하는 과세상한선 조항도 포함되었다. 〈표 4-7〉의 사례에서 해당 기업은 이 조항에 따라 2백12만 유로가 아닌 2백만 유로의 추가세금을 납부하면 된다. 프랑스 조세청은 새로운 소득세율에 따라 2013년 2억 5천만 유로, 2014년 1억 5천만 유로 증세를 예상했다.[27]

하지만 2년간 첨예한 정당갈등과 법리논쟁을 거치며 국내외 언

소득세개혁의 적용 사례

[*과세연도에 4억 유로의 수익을 얻고, 1백만 유로 이상 고액 연봉자 4인을
고용한 기업의 경우]

과세대상	급여	임원수당	무상증자	소득 합계
경영자 1	1,750,000€	175,000€	1,015,000€	2,940,000€
경영자 2	1,500,000€	125,000€	900,000€	2,525,000€
직원 1	1,125,000€	–	325,000€	1,450,000€
직원 2	1,075,000€	–	250,000€	1,325,000€
전체 소득(a)				8,240,000€
비과세대상 소득(b) = 1,000,000€ × 대상자 수(4인)				4,000,000€
과세대상 소득(c) = (a) – (b)				4,240,000€

※ 50% 소득세 = (c) × 50% = 2,120,000€

※ 과세상한선 = 4,000,000,000€ × 5% = 2,000,000€

※ 실제 납부 세액(기업부담) = 2,000,000€

출처: 프랑스 조세청 홈페이지(http://bofip.impots.gouv.fr/bofip/9517-PGP, 검색일:
2016년 2월 17일)

론의 주목을 받았던 소득세율 개혁은 2015년 이후 연장되지 못하고
폐지되는 수순을 밟았다. 2014년 8월 75% 소득세율을 "태양 없는 쿠
바"에 비유했던 에마뉘엘 마크롱(Emmanuel Macron) 의원이 경제산업
부 장관에 취임하고 기업 세금감면정책이 추진되면서 부자증세 연장
중단이 예견됐다. 2014년 9월 6일 마누엘 발스 총리가 2015년 재정안
에 50% 소득세율을 포함하지 않을 것이라 발표하면서 사회당의 부

---

27) 프랑스 국세청 홈페이지, http://bofip.impots.gouv.fr/bofip/9517-PGP(검색일:
2016년 2월 1일).

자중세정책은 최종적으로 소멸하게 됐다. 이는 1980년대 사회당 정부가 순부유세인 연대자산세를 정착시켰던 것과 큰 대조를 이루는 대목이다. 정권 교체로 폐지된 연대자산세가 미테랑의 재집권과 함께 복원되어 현재에 이르고 있는 현실과 달리, 2010년대의 부자증세 개혁은 올랑드 대통령의 임기가 충분히 남은 시점에서 폐기된 결과를 보였기 때문이다.

고소득자에 대한 소득세율 인상을 추진해온 다른 유럽 국가들과 비교할 때, 프랑스 조세개혁은 극단적인 세율 인상을 시도하여 오히려 제도 유지에 실패한 특이 사례가 되었다. 2000년대 후반 재정위기 이후 유럽 전역에서 고소득자에 대한 소득세 인상이 이뤄졌는데, 17개 유로존 국가들의 상위 소득세율은 2011년 42.2%, 2012년 43.1%로 상승 추세에 있다. 2013년 스페인 라호이(Mariano Rajoy) 총리는 연봉 30만 유로 이상 고소득자에 대한 세율을 45%에서 52%로 조정했으며, 2011년 이탈리아 베를루스코니(Silvio Berlusconi) 총리는 연봉 30만 유로 이상 소득에 대해 소득세율을 3% 인상하여 44.3%로 책정했다. 포르투갈에서도 2006년까지 42% 이하였던 상위 소득세율이 약 49%까지 증가했고, 독일 역시 2007년 상위 소득세율을 42%에서 45%로 상향 조정했다. 2013년 영국 정부가 소득세 인상이 세원 확보에 기여하지 못했다는 이유로 최상위 소득세율을 50%에서 45%로 하향 조정한 바 있으나, 벨기에 53.7%, 네덜란드 52%, 오스트리아 50%, 핀란드 49% 등 최상위 소득에 대해 높은 세율을 유지하는 사례가 보다 보편적이다 (Bräuninger 2012).

따라서 프랑스 사회당은 처음부터 중장기적 비전 없이 일회성 입법을 추진했다는 비판으로부터 자유로울 수 없다. 사회당은 입법과정에서 집권 2년차인 2013년에 바로 도입할 수 있는 정책 수립에 집중했으나, 의회 논쟁과 표결과정에서 드러나듯 초당적인 공감대를 형성할 수 있는 논리 개발에 실패했다. 당초 '예외적' 조세의 성격으로 한시적 도입이 예고되어 있었다고 할지라도, 제도 연장을 위한 당 차원의 노력과 여론의 지지 없이 폐기 수순을 밟은 것은 사회당 및 올랑드의 국정운영에 한계가 있음을 드러낸 것이었다. 사회당은 소득세 개혁안 연장을 포기하면서 성장과 고용에 중점을 두는 친기업 정당으로 변모했다는 비판을 감수해야 했다.

당초 피케티가 제안한 소득세 개혁안은 불평등을 해소하기 위해 고임금을 억제한다거나 소득을 재분배해야 한다는 목표보다, 소득수준을 반영하는 누진성 확보 원칙을 강조하고 있었다. 반면 사회당은 논쟁과정에서 원론적 논의로 조세개혁의 정당성을 뒷받침했고, 소수 고액연봉자에 대한 과세를 통해 실효성 있는 재분배가 불가능할 것이라는 비판에 대해 제대로 대응하지 못했다. 나아가 소득세율 개혁을 통해 확보할 수 있을 것으로 예상했던 4억 유로의 세수는 2011년 기준 중앙공공행정에 충당되는 조세 2천5백16억 유로의 0.15%에 해당하는 규모였다. 전체 조세의 1%에도 크게 못 미치는 규모로 실효성에 의문이 제기되어 왔던 기존 순부유세제도와 동일한 한계를 드러내는 지점이었다(김은경 2012, 25-28).

사회당 정부가 75%의 상징적 수치에 집착하면서 조세개혁 내용을 빈번하게 교체한 것 역시 중대한 과오였다. 고소득자에게 추가적인 세금을 부과하는 방식이 아니라 기업에게 과세하는 방식은 부의 이전 효과를 매우 불투명하게 만들었다. 앞서 살펴본 〈표 4-7〉의 예시를 따를 때, 기업 수익 5%의 조세상한선을 기준으로 소득세를 납부하기 때문에 최종적인 세금은 고소득자의 연봉이 아닌 기업 차원의 수익에 연동되는 외양을 띠게 된다. 이러한 결과는 초기 개혁안의 형태와 상당

불평등과 재분배의 정치학

한 거리가 있었으며, 대중적인 지지를 얻기에 충분한 형태가 아니었다. 결과적으로 개혁에 대한 좌파전선의 지지 철회와 피케티의 비판[28]이 이어지면서 75% 소득세율 개혁은 프랑스 좌파진영 내부에서 그 정당성을 크게 상실했다.

V. 결론: 한국에서 부유세정책의 함의

이상에서 살펴보았듯이 유럽에서 상당수의 국가들은 광의의 부유세인 상속 및 증여세, 부동산세를 시행하고 있다. 이 중 프랑스는 전체 조세에서 부유세의 비중이 가장 큰 국가인 동시에 자산에 대한 순부유세를 도입하고 있는 국가이다. 따라서 프랑스에 추가적인 부자증세 개혁이 필요하다는 주장은 쉽게 납득될 수 없었다. 그럼에도 불구하고 2012년 집권한 사회당 정부는 소득세율 개혁을 통해 임금격차를 줄이고 사회 불평등을 해소할 수 있다는 공약을 내걸었고 '1백만 유로 이상 고소득에 대한 75% 과세' 입법화를 강력하게 추진했다. 제도 도입과정에서 우파의 거센 반발과 헌법재판소 판결로 2013년 시행에는 실패했으나, 올랑드 대통령은 헌법재판소와 국사원의 판결을 위배하지 않는 범위 내에서 '75%'에 상응하는 과세 방식을 모색했으며, 최종적으로 1백만 유로 이상 소득에 대한 50%의 세금을 기업이

---

28) "Il faut sortir des fantasmes sur la haine de la France vis à vis des riches," *Le Monde* (2012/10/19).

납부하는 형태로 법안을 관철시켰다. 하지만 최고 소득세율 인상 법안은 일시적 조치 이상으로 확대되지 않았으며, 자동적인 소멸 수순을 밟았다.

이러한 프랑스 부자증세 개혁 시도 사례는 한국사회에도 정책적인 시사점을 제공한다. 한국 정치권에서는 2000년대 이후 부유세 도입 필요성에 관한 논쟁이 진행됐었다(노영훈 2012, 15). 2004년 민주노동당은 부유세 도입을 위한 조세인프라 강화 법안을 발의하면서 부자증세를 정치 의제로 부각시켰고, 2010년 정동영 전 의원이 부유세 도입 필요성을 제기하면서 민주당 내에서도 복지 노선 논쟁이 이어졌다.[29] 나아가 2012년 대선 직전에는 김무성 의원이 새누리당 중앙선대위 총괄본부장 신분으로 부유세 신설 필요성을 언급했다가 철회한 바 있다.[30] 그럼에도 한국에 부유세를 어떻게 도입할 수 있을 것인가에 대한 논의가 구체적으로 공론화된 바는 없었으며, 구체적인 정책이 추진된 것도 아니었다. 정의당 역시 부유세보다는 '사회복지세' 도입으로 조세개혁 방향을 전환하여, 현재 부유세를 추진하는 정치 주체는 부재한 상황이다.

그럼에도 한국사회에서 부유세 도입 필요성 논의가 향후 다시 등장할 수 있다. 고질적인 국가재정 적자가 지속되지만 사회복지 확충에 대한 요구가 동시에 증가하고 있기 때문에 정부의 세수 확대는 불가피하다. 사회 불안정 심화에 대한 비판 여론이 거세지고, 불평등 완화를 위한 복지재원 마련이 시급한 상황에서 부자증세 필요성은 재차 제기

---

29) 정동영 전 의원은 복지확대를 위한 증세 취지로 부유세 세목 도입을 주장한 반면, 손학규 전 대표를 중심으로 한 중진의원들은 '증세 없는 복지론'를 고수했다. 『연합뉴스』, 2011.1.25.
30) 『연합뉴스』, 2012.10.12.

될 가능성이 높다. 이와 관련하여 1990년대 이후 유럽 주요 국가들이 순부유세를 폐지하였으나, 2000년대 후반 경제위기 이후 상위 소득세율을 인상하여 부분적인 부자증세를 재추진하고 있다는 사실에 주목할 필요가 있다. 과거 순부유세 도입이 대체로 사민주의 정당에 의해 주도되었다면, 소득세율 개혁은 재정적자를 해소하기 위한 방편으로 유럽에서 보다 광범위하게 도입되고 있다. 소득에 대한 누진세를 강화하는 것은 보유한 재산에 대한 과세가 아니므로 조세저항을 상대적으로 덜 받을 수 있으며, 이미 집계한 소득 자료에 과세구간을 신설하는 방식이므로 행정비용 측면에서도 유리하다. 따라서 불평등 완화를 향한 사회적 합의가 심화된다면 한국적 맥락에서의 소득세율 개혁 가능성을 논의해 볼 수 있을 것이다.

하지만 올랑드 대통령의 개혁 사례는 충분한 협의와 단계적인 준비 없이 일거에 부자증세 개혁을 시도했을 때 어떠한 한계에 직면하게 되는지를 잘 보여준다. 사회당 정부는 소득세 전반의 누진성을 강화한다는 본질적인 취지를 살리지 못했고, 1백만 유로 이상 연봉을 받는 극소수의 부자만을 개혁의 대상으로 설정했다. 하지만 새로 확보한 세수의 활용 방향은 불분명했으며, 정책에 대한 대중적 신뢰와 공감대 형성도 빈약했다. 한국에서 소득세율 개혁을 통한 부자증세가 논의된다면, 무엇보다도 개혁 필요성을 전 사회적으로 납득시키고 합의할 수 있는 토대를 마련하는 것이 중요할 것이다. 특정 대상을 과녁으로 한 증세를 추진하기보다는, 조세 누진성 회복과 불평등 해소라는 목표를 전체 납세자들에게 먼저 납득시켜야 한다. 나아가 부자증세의 성과를 사회적 약자 지원 프로그램에 보다 구체적이고 투명하게 결부시킬 수 있다면 개혁의 합의기반을 보다 용이하게 마련할 수 있을 것으로 보인다.

참고문헌

김은경. 2012. 『프랑스의 재정』. 한국조세연구원.

노영훈. 2012. 『부유세와 종합부동산세: 부유세의 조세정책적 의미』. 한국조세
　　연구원.

세법연구센터. 2014. "스페인의 세법개정위원회 보고서 발표." 『주요국의 조세
　　동향』 제14-04호. 조세재정연구원.

안창남. 2009. 『주요국의 조세제도: 프랑스 편』. 한국조세연구원.

오창룡. 2014. "프랑스 사회당 정부의 조세 개혁과 피케티." 김공회 외. 『왜
　　우리는 더 불평등해지는가』. 바다출판사.

하승창 · 심상정. 2006. "민주노동당은 진보운동의 희망인가." 『창작과비평』 제
　　34권 제2호. 289-314.

Assemblé nationale. 2012a. Rapport n° 251 déposé le 10 octobre 2012:
　　Tome II. Examen de la première partie du projet de loi de
　　finances: Conditions générales de l'équilibre financier.

_____. 2012b. Compte rendu intéegral: 2e seance du vendredi 19 octobre
　　2012. http://www.assemblee-nationale.fr/14/cri/2012-2013/2013
　　0024.asp.

_____. 2013. Compte rendu intéegral: 2e séance du vendredi 18 octobre 2013. http://www.assemblee-nationale.fr/14/cri/2013-2014/2014 0028.asp.

Bräuninger, Dieter. 2012. "Income and Wealth Taxes in the Euro Area." Research Briefing. Deutsche Bank.

Conseil constitutionnel. 2012. Décision du Conseil constitutionnel n° 2012-662 DC. http://www.conseil-constitutionnel.fr/conseil-constitutio nnel/francais/les-decisions/acces-par-date/decisions-depuis-1959/ 2012/2012-662-dc/decision-n-2012-662-dc-du-29-decembre-2012. 135500.html(검색일: 2015년 12월 29일).

Crouzel, Cécile. 2013. "La taxe sur les hauts revenus limitée à 66,66%." Le Figaro (2013/3/21).

Edson, Chris. 2012. "The capital constraining effects of the norwegian wealth tax." Discussion Paper No. 724. Statistics Norway Research department.

European Commission. 2014. Cross-country Review of Taxes on Wealth and Transfers of Wealth, No 0051, Taxation Studies, Directorate General Taxation and Customs Union. http://EconPapers.repec. org/RePEc:tax:taxstu:0051(검색일: 2016년 2월 1일).

Hansson, Asa. 2010. "Is the Wealth Tax Harmful to Economic Growth?" World Tax Journal 2(1). pp.19-34.

Heckly, Christophe. 2004. "L'Impôt sur la fortune en Europe: les raison du repli." Fiscalité du patrimoine: idées pour une réforme. Institut de l'entreprise.

Hollande, François. 2012. "Le changement c'est maintenant: mes 60 engagements pour la france." http://www.parti-socialiste.fr/artic

les/les-60-engagements-pour-la-france-le-projet-de-francois-holla
nde(검색일: 2016년 2월 1일).

Ifop. 2013. "Les Français et l'avenir de la taxation à 75% sur les revenus
les plus élevés." http://www.ifop.com/?option=com_publication
&type=poll&id=2139(검색일: 2016년 2월 1일).

Landais, Camille, Thomas Piketty, and Emmanuel Saez. 2011. *Pour une
Révolution Fiscale*. Seuil.

Laurent, Samuel. 2012. "Tranche d'imposition à 75%: ce que signifie la
proposition de M. Hollande." *Le Monde* (2012/2/28).

Mauduit, Laurent, and Hugo Vitrani. "Hollande-Piketty: confrontation sur
la révolution fiscale." *Mediapart* (2013/1/28).

McDonnell, Thomas A. 2013. "Wealth Tax: Options for its Implementation
in the Republic of Ireland." NERI Working Paper Series No.6.
Nevin Economic Research Institute.

Ministère des Finances et des Comptes publics. 2014. "Taxe exceptionnelle
de solidarité sur les hautes rémunérations versées par les
entreprises." http://bofip.impots.gouv.fr/bofip/9517-PGP

Muet, Pierre-Alain. 2010. *Un Impôt Citoyen pour une Société Plus Juste*.
Jean Jaurès Fondation.

Parti socialiste. 2010. "Pour un nouveau modèle de développement
économique, social et écologique." http://www.parti-socialiste.
fr/static/3957/nouveau-modele-de-developpement-revivez-le-dir
ect-19612.pdf(검색일: 2016년 2월 1일).

Silfverberg, Christer. 2002. "The Swedish Net Wealth Tax." *Scandinavian
Studies in Law* 44.

Sterdyniak, Henri. 2014. "Le mythe de la réforme fiscale." *Quelle Fiscalité pour le XXIe Siècle?* Presses universitaires de Grenoble.

"민주, 정동영 부유세 놓고 노선 충돌." 『연합뉴스』, 2011.1.25.
"김무성 부유세 신설은 개인적 의견." 『연합뉴스』, 2012.10.12.

제 **5** 장

도시의 불평등 해소정책과 시장 리더십:
디트로이트 시와 서울시 비교

❖

장혜영
중앙대학교

도시의 불평등 해소정책과 시장 리더십:
디트로이트 시와 서울시 비교

I. 서론

도시는 과거의 단순한 중앙정부정책의 전달자로부터 좀 더 적극적인 정치적 행위자로서 국내는 물론 세계시장에서 경제 주체로까지 그 기능의 범위가 점차 확대되고 있다. 특히 경제적 주체로서 도시의 기능은 최근 무한경쟁으로 평가되는 국제시장에서 도시 자체의 경쟁력이 곧 국부로 직결된다는 믿음 속에서 물품 생산지로서, 근로자들의 일상의 삶을 영위하는 공간으로서 분리될 수 없는 연구단위가 되고 있다(Sassen 2000; Savitch and Kantor 2002). 그러나 도시 내 정치적·경제적 활동에 대한 연구는 중앙정부 및 주권국가 단위 속에서 자체의 역동성을 다양한 각도에서 분석하는 시도가 부족했다. 이는 최근 여러 학계에서 주목받고 있는 불평등에 대한 연구 분야에서도 동일하게 나타난다.

도시를 연구하는 다양성을 염두에 두고 최근 주목받고 있는 불평등에 대한 연구의 범위를 도시로 확대할 수 있다면 국가 단위의 불평등에 대한 이해뿐만 아니라 미시적 시각에서 특정 조건 속에서 등장하는 불평등에 대한 다양한 접근을 가능하게 할 수 있다는 점에서 도시 정치경제 분야는 불평등에 대한 연구 단위로서 의의가 있다. 그러나 기본적으로 도시 지역 불평등에 대한 이해는 광범위한 연구 부분을 포함하고 있다는 점이 장점이자 연구의 제약으로 기능하는 것이 사실이다.

따라서 본 장에서는 도시의 경제적 불평등을 해소하기 위한 다양한 자구책을 모색하는 주요 정치 행위자인 시장의 리더십 타입에 주목하여 시장 리더십의 차이에 따른 경제정책의 다양성을 확인하고자 한다. 이는 경제적 불평등의 심화는 비단 특정 지역에서 나타나는 현상이 아닌 전 지구적 현상이 되었고, 국제적인 경제 불평등과 함께 개인 및 지역 간 경제 불평등은 이제 한 국가 내에서 특정 개인이나 지역의 문제가 아닌 사회 갈등을 심화시키는 요인으로 그 원인과 해소 방안에 대한 관심이 집중되고 있다.

그러나 일반적인 경제 불평등에 관한 연구는 국제정치에서 노동과 자본의 쏠림 현상으로 인한 국가 간 경제 불평등에 주목하고, 한편 개인 단위의 연구는 사회 갈등을 유발하는 빈익빈 부익부 현상 및 이와 관련한 선거 및 투표 연구가 주로 이루어지고 있다. 반면 지역 혹은 도시를 중심으로 한 공간적 연구를 통한 경제 불평등의 해소 방안 및 지방의 노력에 대한 연구는 상대적으로 제한적이다.

이러한 연구 주제의 제한성을 극복하기 위하여 본 장은 도시를 중심으로 한 경제 불평등 해소를 위한 방편으로 미국의 디트로이트 시의 두 시장 콜먼 영(Coleman Young)과 데니스 아처(Denis Archer)의

정책과 서울시의 이명박, 오세훈 시장의 정책을 함께 살펴보고자 한다. 특히 도시가 직면하는 경제 불평등을 단순히 소득재분배라는 복지정책 방향이 아닌 지역의 경제 활성화를 통한 점진적 해소라는 방향을 채택하였다는 점에서 디트로이트와 서울시의 정책 비교는 시장의 정책 방향에 따라 결과가 달라질 수 있음을 확인할 수 있다는 점에서 의미가 있다.

II. 미국의 도시정책

한국과 달리 미국의 도시정책(Urban Policy)은 종합계획이 아닌 다양한 정책에 대한 언급으로 이루어진 특징이 있다. 예를 들어 미국의 도시정책은 주로 "메트로폴리탄지역전략(Metropolitan Area Strategies)"을 주 목적으로 하여 제시되고 있으며, 빈곤감소, 범죄, 경제발전 등을 통하여 낙후된 지역의 재생, 복원, 개발 등에 목표를 두는 것이 일반적이다. 이와 동시에 미국의 도시정책은 연방정부, 주정부, 도시정부 간의 역할 및 영향력의 배분에 큰 의미를 두고 진화해 온 것이 주요 특징이다.

예를 들어, 카터 재임 시 발표된 Urban Development Policy (1977~1981)의 경우, "도심의 문제는 많은 문제가 복합적으로 작용하고 있으며 우리 세대의 뿌리 깊은 문제이고 … 연방정부가 중심이 되어 도심의 문제를 해결하려는 노력을 기울여야" 한다는 점을 분명히 하였다.[31] 그러나 이러한 연방정부 중심의 도시정책은 레이건 시대 신연방제도의 본격 도입으로 주정부 및 도시정부에게 도시의 문제 해결권을 넘겨주었다. 레이건의 신연방제는 알려진 바대로 연방정부의 재정 완화를 원래 목적으로 주정부와 도시정부의 자율권을 강화한다는 취지였으나 신연방제하에서도 연방정부의 도시정책에 대한 영향력은 주요 국가정책을 통하여 지속되었다.

1. 미국 신연방제하의 도시정책과 신연방제의 변천

미국 신연방제도의 특징을 잘 나타내는 것이 미국의 도시정책이다. 연방정부가 각종 도시 문제에 대한 해결을 모색하는 과정에서 등장한 도시 구제 혹은 도시 보조정책은 연방정부의 개입 축소 및 지방의 자율권 확대라는 신연방제도의 근본 주장이 어떻게 정책으로 구현되었는지 확인할 수 있는 사례이다.

우선 신연방제가 실시되기 전 도시 문제에 대한 연방정부의 정책 방향은 린든 존슨의 빈곤과의 전쟁(War on Poverty) 및 위대한 사회(Great Society)정책으로 좀 더 적극적인 정부 개입으로 전환되었다. 존슨 행정부의 강력한 연방정부 개입정책은 닉슨 행정부의 신연방제에서 주정부의 역할을 강화하는 것으로 바뀌었고, 이후 카터 행정부에서 다시 연방정부 주도의 도시정책을 수립하여 도심 지역을 지원하는 연방정부 프로그램들을 확대하는 것으로 변화하였다.

그러나 레이건의 신연방제는 도시 문제에 대한 연방정부의 역할을 최소화하는 방향으로 수립되었고 규제 완화와 예산 삭감을 통해 연방

---

31) Carter Urban Development Policy(1977~1981).

불평등과 재분배의 정치학

정부의 재정 위기를 타개하려 하였다. 부시 행정부를 거치면서 공고화된 레이건의 신연방제는 클린턴 행정부 시기 대도시의 낙후된 지역을 선택하여 시장 원리와 복지정책 개혁을 통해 재건하는 정책으로 나타났다(Harrigan and Vogel 2003, 320).

신연방제도는 지나친 중앙정부의 권력 확대에 대한 경계와 계속되는 연방정부의 재정적 압박을 벗어나고자 하는 시도에서 시작되었다.[32] 신연방제하에서 연방정부는 주정부에 권한을 이양하고 재정적인 지원은 오히려 줄임으로써 연방정부의 예산압박을 줄여보겠다는 의도에서 시작되었고, 이러한 상황 속에서 주정부와 지방정부의 관계도 더욱 예속적인 관계로 전환되었다. 하지만 주정부 또한 지방정부에 권한이양을 하되 재정적인 지원을 같이 내려 보내지 않음으로써 지방정부는 새로운 재정자원을 확보하기 위한 노력을 기울이게 되었다. 이러한 과정에서 새로운 재정적 자원을 찾기 위한 노력은 지방 간의 심각한 경쟁모드를 양산하게 되었고, 연방제 내에서의 도시들은 이러한 환경 속에서 소위 '무한경쟁' 속에서 가용자원을 찾는 노력을 계속해 오고 있다.

1) 존슨의 위대한 사회 프로그램: 연방정부의 적극적 개입

신연방제의 기원은 1960년대 도심의 폭동 및 빈곤 문제를 해결하기 위해 린든 존슨 대통령이 적극적으로 추진했던 위대한 사회(Great Society) 프로그램에 대한 반작용이다. 존슨 대통령의 위대한 사회 프

---

32) 신연방제도(New Federalism)를 최초로 사용한 것은 닉슨 행정부였는데 이때의 신연방제도는 정부 간의 일반재정분배(general revenue sharing)를 일컫는 말이었다. 즉 중앙정부의 조세재정을 주정부와 지방정부에 조건을 두어 배분하는 정책이었다.

로그램은 전후 미국에 깊이 확산되어 있던 공간적 불균형발전과 사회 경제적 양극화에 대한 우려로부터 시작되었다. 연방정부의 적극적 개입으로 도심의 인종 갈등 및 빈곤 문제를 완화할 수 있다는 신념 아래 행해진 이 프로그램은 도시 지역에 대한 연방정부의 직접적 개입을 촉진하고 교육 보조, 저소득층에 대한 프로그램 수립 및 실행, 저소득층에 대한 법률 서비스 등을 골자로 하였다(Harrigan and Vogel 2003, 324). 이와 동시에 슬럼화되고 있던 도심중앙부(downtown)에 대한 재개발과 고속도로 건설을 통하여 중심도시(central city)의 경제부흥을 도모하였다(Holcomb and Beauregard 1981).

이를 위하여 존슨 행정부는 모델 시티(Model City) 프로그램을 제정하여 특히 인종갈등과 빈곤으로 인한 도심 지역 폭동으로 붕괴된 도시를 되살리고자 하였다. 1962년과 1966년 발생한 도심 지역 폭동으로 인하여 도시경제가 무너진 디트로이트 시와 같이 경제적 위기에 직면한 도시들을 구제하는 방안으로 시작한 모델 시티 프로그램은 연방정부의 자금이 적절하게 운용된다면 디트로이트 시와 같이 폭동을 수반한 도심 빈곤 문제가 효과적으로 해결될 것을 기대하였다.

이 프로그램은 도시정부를 거치지 않고 연방정부가 사회공동체 단체들에 직접 연방지원금을 제공할 수 있는 프로그램이었으며, 이를 통해 23억 달러의 연방기금이 공동체 개발자금으로 지원되었다(Frieden and Kaplan 1975). 그러나 모델 시티 선정과정 속에서 정치적 이해관계의 대립[33]으로 인하여 당초 예상했던 핵심 집중 지역으로서의 모델

---

33) 모델 시티 프로그램을 위한 연방정부의 태스크포스는 정치적 이해관계에 의해 첨예한 대립을 가져왔다. 원래 계획했던 모델 시티 선정 대상은 당초의 예상보다 훨씬 늘어난 66개 모델 시티가 제안되었고, 최종적으로 의회는 이보다 더 늘어난 140개 모델 시티를 승인하기에 이르렀다.

불평등과 재분배의 정치학

시티 선정 및 지원이라는 기본 원칙이 무너졌고, 그 결과 연방정부의 보조 기금은 과도하게 집행되었다는 비난에 직면하였다.

모델 시티 프로그램은 연방정부가 주정부를 통하지 않고 직접 지방 특히 도시정부에 영향력을 행사할 수 있는 통로로서 작용하였다. 이 프로그램의 기본 원칙은 모델 시티 프로그램에 지역 주민의 직접 참여와 도시정부의 시장이나 매니저가 프로그램의 운영을 관장하는 것이다. 그 결과 모델 시티 프로그램으로 도시정부에 들어오는 연방정부의 자금과 이를 운용하는 데 필요한 절차에 주정부의 영향력이 개입할 수 없게 되었다. 따라서 도시정부가 얼마나 연방정부의 자금을 효과적으로 사용하여 프로그램의 기본 목적을 달성하는가의 여부는 주로 도시정부의 운영 능력(Governing Capacity)에 의존할 수밖에 없었다. 그러나 모델 시티 프로그램의 수혜자였던 많은 도시들은 낮은 정책운영 능력으로 인하여 연방정부 지원금을 효율적으로 활용하지 못한 경우가 빈번하였다. 또한 도시정부의 낮은 정책운영 능력과 이에 동반된 부패 문제는 연방정부의 도심 문제에 대한 직접 개입의 효과성을 의심하게 하는 계기를 제공했다.

2) 닉슨의 신연방제와 도시정책: 주정부의 자율권 확대

모델 시티 프로그램은 연방정부의 기금을 도시정부에 직접 유입함으로써 상대적으로 안정된 재정 자원을 통해 도시 빈곤 문제를 해결하려는 시도였다. 그러나 도시정부의 낮은 운영 능력과 모델 시티 선정 과정에서 나타난 의회 내의 정치적 이해관계 대립으로 인하여 당초 취지와는 달리 연방정부의 보조 기금이 효과적으로 쓰이지 않았다. 동시에 도시정부의 무능함에 대한 비판은 연방기금의 효과적 지출을 더욱 요구하게 되었고, 이를 위해 도시정부가 아닌 주정부를 통한 연방

프로그램의 운용을 도모하였다. 닉슨의 신연방제의 특징은 바로 정부 간 권력의 균형을 유지하는 것과 동시에 주와 지방정부에 더 많은 권한을 이행하는 것을 골자로 한다. 특히 이 과정에서 주정부의 권한이 더욱 강화되어 경제개발정책 분야에서 주정부가 자신들의 경제 환경에 맞는 자체적 경제개발정책을 수립할 수 있는 자율권을 행사하게 되었다. 이를 위하여 닉슨 대통령은 연방정부가 잉여 예산의 일부를 주에 지급하여 사용하도록 하는 일반세입분배제도(General Revenue Sharing)를 실시하였다. 일반세입분배로 주정부에 배분된 연방자금은 그 운용에 관해 어떠한 조건도 없이 주정부의 자율에 맡기는 것으로 주정부는 자금 지출에 자율권을 행사하게 되어 개별 주에 맞는 경제정책 프로그램을 실행할 수 있는 계기가 되었다. 일반세입분배제도는 1972년 세입분배법이 발표된 이후 1972년 한 해만 해도 302억 달러($30.2billion)가 주정부와 지방정부에 분배되었다.

그러나 주와 지방정부에 분배된 연방자금이 언제나 쇠락한 도시 지역의 경제 활성화를 위해 쓰인 것은 아니었다. 주정부와 지방정부와의 관계 속에서 낙후된 경제 지역에 대한 실질적 경제개발정책보다 부유한 지역(neighborhood)에 대한 여가시설 확충 등에 일반세입분배로 유입된 연방자금이 쓰인 경우도 많았다. 따라서 여전히 주정부의 정책운영 능력뿐만 아니라 주와 지방정부 관계에 따라 연방정부의 자금이 효율적으로 사용되는지 여부가 결정되었다. 이는 주정부에 확대된 개발정책 자율권과 일반세입분배제도가 주정부의 역량에 의해 낙후된 지역경제에 대한 보조정책으로의 기능을 발휘하게 되는 정책 제한적 측면을 나타냈다.

3) 카터 행정부의 신연방제와 도시정책: 동등한 분배에서 선택과 집중으로

1976년 대통령에 당선된 지미 카터는 연방정부가 관장하는 도시 정책을 수립하여 도시 문제를 해결하려 하였다. 이를 위하여 카터 행정부는 "미국 지역사회를 보존하기 위한 새로운 파트너십(New Partnership to Preserve America' Communities)"을 목표로 내걸고 세 가지 중점 이슈의 해결을 위한 도시정책을 수립하였다. 우선 연방정부의 자금 지원을 쇠퇴한 도시 지역사회를 중심으로 하되 자금 지원은 '선택과 집중'을 통하여 효율적으로 하며, 제한적인 연방정부 자금을 도시 지역 사회가 자생적으로 회복할 수 있도록 지역경제 발전에 중점을 두어 회생자금을 대출해주는 방식을 활용하였다. 이를 위하여 지역사회의 이익집단들과 민-관 파트너십을 구축하는 것을 적극 권장하였다. 마지막으로 지방정부의 요구를 효과적으로 반영하기 위해 형식적 규제(red tape)를 최대한 줄이는 것이었다. 비록 심화되는 연방정부의 예산 위기로 인해 카터 행정부의 야심찬 도시정책이 축소되었지만 카터 행정부의 신연방제도는 여전히 연방정부가 도시 문제에 대해 책임을 진다는 점에서 신연방제도의 기본 원칙인 연방정부의 영향력 축소와 배치되는 것이었다. 그럼에도 불구하고 신연방제도는 여전히 카터 행정부의 연방정책에 깊이 침투되어 지속되고 있다. 특히 과거 신연방제도에서 연방정부 자금이 주로 쇠퇴한 도시 지역사회의 복지정책에 집중되어 있었던 것과는 달리 낙후된 도심 지역의 경제재생을 주요 목적으로 하는 것을 특징으로 한다.

4) 레이건의 신연방제도: 분권(devolution)

1980년 레이건이 대통령에 당선된 이후 행정부의 중점 목표는 카터 행정부와 마찬가지로 경제발전이었지만 카터 행정부의 정책과는 달리 연방정부의 자금으로 지방의 경제발전과 재건을 촉진시키는 것은 아니었다. 레이건은 도시정책으로 소모되는 연방자금을 국가 경제일반의 활성화에 사용하는 것을 목표로 하였고 이를 위하여 도시 재건을 위한 연방 보조프로그램은 시장의 선택에 맡기는 방식을 추진했다. 「대통령 국가도심정책보고서」(President's National Urban Policy Report, 1982)에 의하면 연방정부는 각 도시 지역의 경제적 쇠락과 "도시 문제"를 직접적으로 해결하려 하지 않으며, 연방정부의 주요 정책 방향은 국가 경제 일반의 활성화로 전환하는 것을 골자로 하였다. 레이건 행정부 시기 미국의 신연방제는 가장 적극적인 정책으로 전환되었고, 주요 내용은 연방정부의 지출을 줄이고 시민사회에 대한 연방정부의 영향을 축소하는 것이었다. 이를 위해서 기존의 범주화되어 있던 보조금(categorical grants)을 블록 그랜트(block grant)로 전환하였고, 연방정부의 각종 규제 완화정책을 실시하였다.

이 시기의 신연방제는 연방정부의 지출과 영향력 감소에 주안점을 둔 것으로 주정부나 지방정부의 영향력 강화를 동시에 수반하는 것이 아니었다(Ross and Levin 2001, 437). 그러나 레이건 행정부의 일련의 정책들은 연방정부의 부담을 줄이는 데 일조하였지만, 동시에 주정부와 지방정부의 부담을 가중시키는 효과를 가져왔다. 예를 들어 지방정부의 다운타운 재개발정책의 핵심 자원이었던 도심 개발 실행 그랜트(UDAGs: Urban Development Action Grants)의 경우 레이건 임기 마지막 해인 1988년 공식적으로 정지되었다. 이후 연방정부의 지속적인 지출 축소와 함께 "자금 지원 없는 연방 의무(unfunded federal mandates)" 사항들이 늘어나면서 주와 지방정부의 재정적 부담을 확대하는 결과를 가져왔다. 이와 동시에 연방정부의 자금을 주정부를 통하여 지방정부로 유입되도록 한 결과 주정부가 지방정부에 부과하는 의

무사항 또한 지방정부의 재정 악화를 가속시키게 되었다.

　레이건의 신연방제가 가져온 가장 중요한 변화는 지방정부로 직접 유입되던 연방정부의 예산이 삭감되어 지방정부의 재정 악화를 가져왔다는 점이다. 예를 들어, 주와 지방정부로 배정되던 연방정부의 그랜트는 1980년과 1987년 사이 33% 축소되었는데 그중 상당 부분이 지방정부의 경제발전정책, 직업훈련, 사회복지정책 등에 사용되던 자금이었다(Cole et al. 1990, 347).[34] 그 결과 지방정부는 주정부와의 관계를 재정립하여 연방정부로부터 삭감된 재정 지원을 주정부로부터 지원받거나, 혹은 기업 활동에 유리한 환경을 조성하여 새로운 투자를 유치하는 전략을 세워야 했다. 신연방제의 충격은 특히 심각한 지방경제 쇠퇴를 경험하고 있던 옛 산업도시에서 극명하게 드러났다. 예를 들어, 디트로이트의 경우 1981년 연방정부 보조금은 사억 오천육백만 달러($456million)를 기록한 반면, 레이건의 신연방정책이 본격적으로 효과를 나타내던 1986년에는 약 1/3 수준인 일억 오천백만 달러($151 million)를 지원받는 데 그쳤다(Ibid. 348).

　레이건의 신연방제는 각종 연방정책과 보조 프로그램에 깊이 침투되었고 "워싱턴이 도시를 버렸다(Washington Abandons Cities)"는 평가를 받을 만큼 신연방제하에서 도시정부는 연방정책으로 인한 정책적 충격을 경험하였다. 특히 정부 간 자금의존도가 높았던 옛 산업도시들은 그 충격이 더욱 심했는데 상당수의 도시정부는 레이건 행정부의 연방지출 축소를 극복하기 위해 지역의 직업훈련, 저소득층에 대한

---

34) Richard L. Cole, Delbert A. Taebel and Rodney V. Hissong, "America's Cities and the 1980s: the Legacy of the Reagan Years," *Journal of Urban Affairs*, Vol.12, Issue 4(1990), pp.345-360.

육아지원과 같은 복지정책의 축소를 감수해야만 했다. 그 결과 도시 정부의 주요 정책 방향은 낙후된 도심 지역의 재개발이나 빈곤 감소가 아닌 새로운 방향을 모색하게 되었는데 자체 재원이 부족한 도시정부의 경우 소득세를 높여서 부족한 재정을 충당하고자 하는 노력이 주를 이루었다.

2. 연방도시정책과 디트로이트 시

1) 콜먼 영(Coleman Young) 시장 시기

1960년대 미국의 도시 문제는 도시 내부의 인종갈등과 맞물리면서 주요 사회 문제로 부상하게 되었고, 특히 60년대 거듭된 도심에서의 폭동은 기존 도시 지역의 해체를 가속화하였다. 이러한 일련의 상황에 대한 연방정부 차원의 대응은 경제기회법(Economic Opportunity Act), 린든 존슨 대통령의 빈곤과의 전쟁(War on Poverty), 1965년 EDA 설립, 1966년 모델 시티 프로그램(Model Cities Program) 등을 실시하는 것이었다. 특히 모델 시티 프로그램의 수혜자로서 디트로이트 시는 1960년대 극심한 인종 갈등과 범죄 및 빈곤 문제가 어우러진 "도시 문제의 종합상자"였다.

1967년 인종폭동 이후 디트로이트 시에 위치하고 있던 많은 기업들이 교외 지역으로 이전하기 시작하면서 도심 지역은 극심한 경기 침체를 경험하게 되었다. 디트로이트 시와 유사한 문제를 가진 산업도시들의 문제를 해결하기 위해 존슨 행정부는 모델 도시 프로그램을 시행하였고, 이후 디트로이트 시는 연방정부의 다양한 구제기금과 도시정책의 수혜자가 되었다. 이와 동시에 디트로이트 시의 백인 기업 엘리트들 간의 성장중심 연합이 형성되었는데, 대표적인 사례가 디트로이트 르네상스 회사(Detroit Renaissance, Inc)의 설립이었다.

디트로이트 시의 재건을 위한 성장연합은 1973년 디트로이트 시 최초의 흑인 시장인 콜먼 영(Coleman Young) 시장의 당선으로 시정부와 기업 엘리트 간의 연합이 형성되었다. 또한 1973년 개정된 도시 조례(City Charter)에서 시장의 권한이 강화되면서 도시의 재건을 위한 콜먼 영 시장의 성장중심정책은 기업 엘리트들의 다운타운 재건 계획과 맞물리면서 1970년대 디트로이트의 성장연합이 만들어지게 되었다. 특히 강변(Waterfront)을 중심으로 한 다운타운의 상업지구 재개발은 당시 헨리 포드 2세(Henry Ford II)와 같은 지역 기업인들과 디트로이트 르네상스 회사와 콜먼 영 행정부의 성장정책이 맞물리면서 긍정적 효과를 거두었다. 이 과정에서 콜먼 영 행정부는 도시계획부(Planning Department) 및 지역사회 경제개발부(Community and Economic Development Department)를 신설하여 기존의 기업 엘리트를 중심으로 한 조직들(Detroit Economic Growth Corporation, Downtown Development Authority)과 긴밀한 민-관 파트너십을 구축하였다(DiGaetano and Klemenski 1999, 116-118).

성장중심의 도시정책(progrowth urban politics)을 추구했던 디트로이트 시의 대표적 정책 결과물은 1977년 건설된 르네상스센터(Renaissance Center)이다. 콜먼 영 시장과 백인 기업가들 특히 헨리 포드 2세를 중심으로 한 올드보이클럽은 르네상스센터 건립을 통하여 디트로이트 다운타운 지역 경제 활성과 나아가 디트로이트 시 전반의 경기호전을 추구하였다. 이 과정에서 흑인 시장이었던 콜먼 영은 백인 기업가들의 지역건설 및 개발 사업에 시정부의 역량을 보태어 르네상스센터 건립을 실현시켰다. 이러한 일련의 과정을 통하여 디트로이트의 성장중심 연합은 점차 공고화되었는데 1980년대 신연방제도의 본격화로 인한 연방정부의 기금 삭감과 디트로이트 성장연합 내부의 갈등, 특히 흑-백의 인종갈등과 도심-교외 지역(Central City-Suburbs) 간의 경제 불균형으로 인한 긴장으로 인하여 도시정책의 두 개 기본 축이었던 도심재개발(downtown revitalization)과 산업재건(industrial renewal)을 동시에 추진하기 어렵게 만들었다.

디트로이트 시의 성장연합은 지역 기반 기업가들과의 긴밀한 협조로 상당한 성과를 거둘 수 있었지만 이 과정에서 지속적인 연방정부의 지원금 또한 성장연합의 성장에 중요한 역할을 하였다. 지미 카터 대통령과 콜먼 영 시장의 우호적 관계는 디트로이트 시가 카터 행정부 기간 동안 지속적으로 다양한 연방정부 도시보조정책의 수혜 도시가 되는 데 도움을 주었다.[35] 그러나 1980년대 레이건 행정부의 신연방제가 본격화되면서 디트로이트 시에 대한 연방정부의 보조금이 축소되기 시작하였다. 이와 동시에 콜먼 영 시장을 중심으로 한 성장연합은 영 시장과 기존 기업 엘리트들 간의 긴장 및 인종갈등의 심화로 인하여 점차 약화되었고 경기 침체는 콜먼 영의 성장연합을 더욱 느슨하게 만들었다.

1980년대의 디트로이트 시는 카터 행정부 시기 지속적으로 지원받던 연방자금의 축소를 경험하게 되었고, 연방정부의 지원금으로 충

---

35) 콜먼 영 시장과 지미 카터 대통령과의 특별한 관계는 카터 행정부의 신도심정책(New Urban Policy)에 대한 영 시장의 적극적 지지로 더욱 공고해졌다. 이를 계기로 영 시장은 연방정부의 자금 지원으로 People Mover와 Joe Louis Area와 같은 대규모 개발 프로젝트를 수행할 수 있었다. 카터 재직 시 디트로이트는 다른 어떤 도시보다 시 재정 중 연방정부 지원금이 지방세보다 많은 도시였다(Library of the Charles H. Wright Museum of African American History).

불평등과 재분배의 정치학

당하던 대규모 개발 산업 및 복지정책이 시 재정의 악화로 인해 타격을 받게 되었다. 이에 더하여 흑인 시장과 백인 기업 엘리트 간의 느슨한 연대는 연합 내 인종갈등으로 인한 긴장의 심화로 더욱 약화되었다. 침체되어 가는 시 경제를 활성화하기 위한 노력의 결과인 콜먼 영 중심의 성장연합은 레이건의 신연방제로 인한 연방정부 지원금 축소에 따른 시 재정의 악화, 성장연합 내의 갈등 격화, 지속적 경기 침체라는 복합 요인 속에서 기존의 영향력을 유지하기 어렵게 되었다.

2) 데니스 아처(Dennis Archer) 시장 시기: 재조직된 성장연합과 EZ 프로그램

1990년대 디트로이트 시의 성장중심 정치는 새로운 시장인 데니스 아처를 통해 새로운 국면으로 접어들었다. 1993년 데니스 아처가 디트로이트 시장으로 당선된 이후 콜먼 영 시장 재직 시 소원해졌던 백인 기업가들과의 관계가 전반적으로 회복되기 시작하였고, 이와 동시에 자동차 업계의 시에 대한 설비 투자도 증가하게 되었다.[36] 이와 함께 아처 행정부와 도심 지역 기업 엘리트들은 거대 규모의 건설 사업을 통한 디트로이트 시의 재건에 합의를 이루어 진일보된 성장연합을 형성하였다. 이 과정에서 대형 카지노와 뉴 타이거 베이스볼 스타디움 (New Tiger Baseball Stadium) 건립이 확정되어 디트로이트의 건설 촉진정책을 통한 도심경제 재건정책이 활발하게 전개되었다.

디트로이트 시의 성장연합은 데니스 아처 시장 이전의 성장중심과 이후로 나누어 구조의 변화를 살펴볼 수 있다. 아처 시장 이전의

---

36) 크라이슬러의 설비투자는 1997년부터 2002년까지 총 20억 달러에 달했다. 이와 함께 당시 크라이슬러의 회장이었던 로버트 이튼은 성장연합의 산물 중 하나였던 Detroit Renaissance, Inc.의 회장을 겸임하고 있었다(Phillips 1997).

성장연합은 콜먼 영 시장 시기 인종 갈등 및 이에 수반된 시정부와 백인 기업 엘리트 간 긴장관계가 해소되지 않은 채 도심 중심지역 재건 (downtown revitalization)을 중심으로 한 상업지역 개발 중심의 성장 정책이 주요 정책 아젠다였다. 데니스 아처 시장의 당선 이후 정책지 향점을 달리 하는 성장연합이 재구성되었는데, 이때의 정책지향점은 기존의 건설 및 개발 중심의 정책 아젠다와 함께 인적 자원 개발을 두 개의 정책 축으로 삼았다.

　표면상으로 디트로이트의 성장연합은 영 시장 이후 지역 자본가 들과 시정부와의 조심스러운 연계로 중심지역 재건을 중심으로 하는 성장정책을 펼쳤다. 이 시기 기업 엘리트들은 시정부의 도시계획을 자신들의 중심지역 개발정책에 호의적인 방향으로 전환하도록 요구하 였다. 이들의 요구는 성장정책을 추구하는 시정부의 정책에 반영되었 고 이를 통한 시정부와 기업 엘리트 간의 성장연합이 유지될 수 있었 다. 이에 더하여 아처 시장 이후 디트로이트의 성장연합은 기존 지역 자본가들의 성장 아젠다인 중심지역 재건과 함께 건설정책을 상업지역 개발 이외에도 문화시설(운동장 및 카지노) 확충에 투자하는 것으로 방 향전환을 도모하였다.

　아처 시장의 성장중심정책 추구에 기여한 것이 1993년 시작된 도 심부흥지역(EZ) 프로그램이다. 아처 시장과 시정부는 카터 행정부 이 후 급속하게 축소된 연방정부 보조금을 새롭게 지원받을 수 있는 기회 로 EZ 프로그램에 선정되기 위한 다양한 노력을 기울였다. EZ의 선정 기준 중 하나가 도시의 협조 능력 즉 도시가 얼마나 자체적으로 다양한 집단 간의 연합을 통하여 이 프로그램을 운영할 수 있는가를 평가하는 것이었다. 아처 시장과 기업 엘리트, 그리고 지역 리더들은 EZ 선정기 준에 적합하도록 새로운 성장연합을 구축하였고 그 결과 1994년 1차

EZ 프로그램에 선정되었다. 1994년 디트로이트는 연방정부의 EZ 프로그램의 최종 선정자로 확정되어 연방정부의 사회복지 서비스 자금과 기업 지원 자금으로 세금 지원 혜택을 받게 되었다. 그 결과 처음 2년 동안 10억 달러의 연방자금이 사회복지 그랜트로 제공되고 이를 사용하는 기간은 최장 10년간이었다.

EZ 프로그램은 디트로이트 시 전반에 변화를 주었다. 제도적 변화로 연방정부의 EZ 프로그램은 시정부 조직의 변화를 수반하였는데 우선 디트로이트는 시장이 선정한 지역 활동가, 기업대표, 지방정부 공무원들이 포함되는 부흥지역조정의회(Empowerment Zone Coordinating Council)를 신설하였다. 또한 EZ 프로그램의 다양한 프로젝트에 대한 시정부의 지원을 원활하게 하기 위해 도시계획 및 개발부(Planning and Development Department(옛 도시계획부(Planning Department)와 지역사회 개발부(the Community and Economic Development Department)를 통합한)를 신설하여 시정부 측의 EZ 중심 기관으로 활용하였다. 이와 동시에 EZ 프로그램을 관장하는 기관으로 50인의 Empowerment Zone Development Corporation을 설립하였는데 여기에는 조정의회(Coordinating Council), 디트로이트 시장, 미시간 주 지사, 웨인 카운티(Wayne County) 대표 등이 포함되었다.

또 다른 변화는 기존의 민-관 협력체에 지역 활동가들을 포함시킨 새로운 성장연합을 구축한 것이다. 당시 민-관 파트너십 구축을 위하여 설립된 디트로이트 시와 기업 엘리트, 그리고 지역 리더들의 협의체가 Greater Downtown Partnership과 Empowerment Zone Coordinating Committee 등이다. 이는 콜먼 영 시장 재직 시 시정부와 몇몇의 지역 기업 엘리트 간의 느슨한 연계였던 과거의 성장연합과는 달리 지역에서 활동하는 사회봉사 활동가들을 포함한 좀 더 확대된 성장연합의 구축이라는 점에서 의의가 있다.

3) 양 시장의 정책 방향 비교

콜먼 영 시장과 데니스 아처 시장 모두 민주당 출신의 대중적 지지를 충분히 받은 소위 인기있는 시장으로 출발하였다. 콜먼 영 시장 시기의 디트로이트 시는 도심이 줄 수 있는 다양한 문제점과 도시의 위기(urban crisis)를 극명하게 드러내는 문제 도시였다. 소득불평등 및 인종적 갈등으로 대결 국면에 있던 디트로이트 시의 재건을 위하여 콜먼 영 시장이 내세운 것은 연방정부의 보조금을 통한 도시재생 및 재건정책으로 일컬어질 수 있는 성장중심 개발정책이었다. 이를 성공적으로 추진할 수 있었던 원동력은 콜먼 영 시장의 인적 네트워크였다. 지미 카터 대통령을 포함한 연방정부의 행정부 고위층과의 인적 네트워크는 디트로이트의 백인 기업가들과의 성장연합과 함께 콜먼 영 시장이 성장중심의 디트로이트 개발정책을 펼칠 수 있도록 하였다. 그러나 이후 콜먼 영 시장과 백인 기업가들 간 성장연합의 연대가 깨어지고, 신연방주의의정책 결과로 드러난 연방정부 보조금의 삭감은 영 시장이 추진하였던 성장정책이 사실상 추진력을 더 이상 발휘하지 못하게 하여 디트로이트 시의 소득불균형이 더욱 심화되는 계기가 되었다.

데니스 아처 시장은 전임 영 시장과 백인 기업가들 간의 성장연합의 느슨한 재연대를 만들어내는 데 주력하였다. 이를 통하여 디트로이트 시의 성장정책이 아처 시장 시기에도 지속될 수 있었다. 특히 아처 시장은 기존 영 시장이 주력하였던 도심재생사업과 함께 문화시설 확충이라는 양면 정책을 통하여 백인기업가들과의 새로운 성장연합을 구축하였고, 동시에 민-관 파트너십을 도입하여 기존의 백인기업가 중심의 배타적 성장연합 구축이 아닌 멤버십의 확대를 통한 성장연합의 재구축을 추진하였다. 또한 1990년대 연방정부가 적극적으로 추진하였던 EZ 프로그램을 디트로이트 시에 도입하는 데 성공함으로써 신연방주의정책 이후 삭감되었던 연방정부의 보조금이 다른 형태로 유입되어 디트로이트 시의 재건에 도움을 줄 수 있었다.

디트로이트의 양 시장은 모두 성장중심의 도시재건정책을 디트로이트 시의 발전 방향으로 삼았고, 이를 추진하는 방식으로 성장연합을 구축하여 시적 영역인 백인 기업가들과 연방정부의 보조금 및 연방정부의 도시정책의 디트로이트 시 적용이라는 공통점이 있었다. 그러나 콜먼 영 시장과 데니스 아처 시장 간 정책 방향의 차이는 성장연합의 인적 구성과 범위에서 찾을 수 있으며 이는 기본적인 성장정책을 지속적으로 추진하는 데 영향을 주었다.

III. 한국의 도시정책: 서울시 개발정책을 중심으로

한국의 도시정책은 수도권의 규제강화 혹은 완화를 통한 균형발전에 정책의 무게중심을 두어 진행되어 왔다. 이 중 도시개발정책의 변천은 1960년대 이후 경제개발계획과 병행된 도시개발정책이 시작되었고 이는 1965년 서울~인천 특정지역개발계획을 시작으로 1966년 울산 특정지역개발계획 등 지역 개발 중심으로 전개되었다. 1960년대는 인구의 도시집중과 자동차 증가에 따른 도시교통 문제의 해소를 위한 도시개발정책으로 주로 토지구획정리사업과 도로건설이 주요 사업이었다. 이후 1970년대 도시계획은 제1차 국토

종합개발10개년계획(1972~1981)이 실시되었고 고속도로의 건설로 도시개발계획은 고속도로를 중심으로 한 국토의 재편성이 불가피하게 되었다.

이후 1970년 〈도시계획법〉의 개정으로 개발제한구역이 신설되고, 1972년 〈농지의 보전 및 이용에 관한 법률〉이 제정되었다. 이에 따른 농지의 재편이 불가피하게 되었고 동시에 도시계획의 재구성이 필요하게 되었다. 결과적으로 도시계획은 도-농 간 도시계획재정비가 단행되어 도시계획을 적용하는 도시가 늘어나게 되었다. 1976년 개정된 〈도시계획법시행령〉을 통해 아파트지구가 제도화되었고 이에 따른 후속 조치를 통하여 한국의 토지는 고밀도화가 촉진되었고 1971년 이후 개발제한구역의 지정, 반월, 창원, 여천, 과천 등 신도시 건설과 함께 1970년대 도시정책의 근간을 이루게 되었다. 1980년대 택지 대량공급을 위한 〈택지개발촉진법〉이 제정되었고, 주택난의 근본적 해결을 위한 〈주택건설촉진법〉을 제정하였다. 이후 다양한 법령의 제정을 통하여 지방 분권 이후 건설교통부장관이 도시기본계획을 승인하고자 할 때 미리 관계 비장의회 의견을 듣도록 하여 현지 주민들의 의견이 반영될 수 있도록 하였고, 건설교통부장관의 권한이었던 많은 도시계획에 관한 권한을 시, 도지사에 위임하였다.

서울은 중앙정부 주도의 강력한 도시개발정책에 영향을 받아왔다. 1960년대 이후 집중적으로 이루어진 한국의 경제발전은 서울 내에서 압축적으로 경제발전의 다각적 모습을 보여줬고, 이를 반영한 서울시의 경제정책은 빠르게 유입되는 인구에 대비한 정책과 이들을 수용할 주택, 및 각종사회간접자본에 대한 규제 및 촉진정책을 통하여 서울시의 경제발전을 도모하였다.

1970년대 이후 급진전된 서울 도심의 외곽지대인 강남지역의 개발을 통하여 현재 우리가 경험하고 있는 강-남북 간의 경제적 불평등이 심화되는 현상을 경험하였다. 이는 특히 1990년대부터 본격화된 강북의 억제정책과 강남의 집중개발정책으로 강남-북 간 불평등이 심화되어 이후 서울시의 경제정책 및 개발정책은 이러한 지역 간 불평등의 완화를 주요 목표로 한 정책들이 제시되었다(김영단 외 2014).

한국의 도시계획 및 개발정책은 빠른 도시화에 적응하기 위한 상황 속에서 물리적·사회적 간접자본을 먼저 개발하는 것에 초점을 맞추어왔다.[37] 특히 서울의 경우 1960년대부터 국가 차원에서 경제개발계획이 수립, 시행되는 과정 속에서 대도시로서의 서울이 국가성장의 중추적 역할을 담당하게 되면서 서울의 도시기본계획이 수립되었다.

서울시는 급격한 인구증가 및 도시의 물리적 성장에 대응하기 위하여 1966년 서울 도시기본계획을 수립하였고, 이후 1966년에 예측하였던 인구증가 및 도시의 성장이 급격하게 변모하게 되면서 지속적인 수정계획이 발표되었고, 1978년 제2차 서울 도시기본계획안이 수립되었다. 이후 또 한 번의 수정계획을 통하여 1980년 서울 도시개발 장기구상 및 중기계획이 발표되어 재수정 작업이 이루어졌다(서울시 도시계획 변천).

1980년대 서울시의 도시개발정책은 70년대 주요 정책 목표였던 개발억제정책이 아닌 올림픽을 대비한 개발촉진적 시책이 추진되었고 1990년 확정된 "2000년대를 향한 서울시 도시기본계획" 및 1997년

---

37) 특히 도시계획은 "국토의 계획 및 이용에 관한 법률"을 기반으로 도시기본계획의 대상분야, 지역적 특성 및 계획의 방향, 목표, 공간구조, 생활권의 설정 및 인구의 배분, 토지의 이용 및 개발, 환경의 보전 및 관리, 기반시설, 공원, 녹지, 경관, 미관의 관리, 도심 및 주거환경의 정비-보전, 경제, 산업 사회, 문화의 개발 및 진흥, 교통, 물류체계, 정보통신, 방재 및 안전과 관련된 분야를 그 대상으로 한다.

공포된 "2011년 목표 서울 도시기본계획"을 통하여 지속적인 변화를 추구하였다. 이 과정에서 강남-북 간의 공간적 불균형 발전 및 소득불균형이 심화되고, 특히 부동산 가격을 통해 보여지는 불평등은 서울시 주민들의 불만을 증폭시키는 결과를 가져오게 되었다.[38]

1. 이명박 대 오세훈: 서울시장의 리더십과 경제정책

2000년 들어 새롭게 등장한 기업가적 마인드의 이명박 시장은 서울시의 경제적 불평등에 대한 대안 정책으로 뉴타운정책 및 청계천 복원사업 등 개발정책에 집중하였고, 이명박 시장의 뒤를 이은 오세훈 시장은 한강 르네상스, 도심 균형발전 및 디자인 서울 등 새로운 개발정책에 집중하는 모습을 보였다. 제32대 서울시장에 취임한 이명박 시장은 "경영 마인드를 도입한 시정 추진으로 예산 절감 및 부채 상환, 지역균형발전을 위한 뉴타운 사업 기반 마련, 청계천 생태하천 복원, 서울숲 조성 등 친환경시정 추진, 대중교통체계 전면 개편으로 빠르고 편리한 서울 구현, 자동차 중심에서 사람 중심의 시정 패러다임 전환" 등의 정책으로 개발정책을 주도하였다.[39]

2006년 서울시장에 당선된 오세훈 시장은 "창의시정(120다산콜센터 등) 추진, 광화문광장 조성, 세운초록띠공원 조성 등을 통한 도심재창조, 장기전세주택 Shift, 여행프로젝트 등 서울형 복지 추진, 대기질 개선, 북서울 꿈의 숲 조성 등 친환경 서울 구현, WDC 2010 유치,

---

38) http://urban.seoul.go.kr/4DUPIS/sub2/sub2_3.jsp

39) http://www.seoul.go.kr/v2012/seoul/mayor_his/mayor.html

동대문디자인파크플라자 건설 등 디자인서울 정책 추진" 등의 정책으로 이명박 전임 시장과의 차별성을 강조하였다. 그러나 두 시장 간의 정책 내용상의 차이에 대해 두 시장이 추진해 온 정책이 개발정책으로 균형발전 및 강남-북 간의 불균형 및 불평등 해소라는 목표에 도달하지 못한 개발정책이었다는 비판이 여전하다(조승화 2008).

1) 이명박 시장: 뉴타운정책의 시작 및 확대

이명박 시장이 강남북 불균형 발전을 시정하기 위한 목표를 내세운 "재정비 촉진사업"인 뉴타운정책은 강북 지역의 재정비 방식을 도모하는 정책이었다. 기존 도시구획을 재개발하여 도시를 구축하고, 미적 효과를 높이고, 지역발전을 도모하는 기본 정책 목표를 가진 도시개발정책으로 이명박 시장이 본격화한 이후 오세훈 시장을 거쳐 현재 박원순 시장으로 이어지는 서울시 도시재정비 사업이라 할 수 있다.

이명박 시장 이전의 재개발정책은 주거환경의 열악한 부분을 정비하는 것에 중점을 둔 이른바 "달동네 재개발정책"이었다. 이러한 재개발정책은 열악한 주거환경을 개선한다는 의미에서 다양한 정책적 성과를 거둘 수 있었지만 학교 등 기반시설을 함께 확충하지 않은 채 주택개발에 주력한 결과 난개발로 인한 사후 문제에 직면하는 경우가 많았다. 동시에 기존 주민들이 급격하게 상승한 부동산 가격을 감당하지 못해 다른 지역으로 주거를 이전해야 하는 상황이 벌어지게 되어 오히려 주거 불평등을 심화시킨다는 비판이 많았다.

이러한 제한점을 피하기 위하여 뉴타운정책은 먼저 시범지구 3곳을 우선 지정하여 1차 뉴타운 시범지역으로 발표하였다.[40] 이명박 시

---

40) 1차 뉴타운 지구는 왕십리 뉴타운, 은평 뉴타운, 그리고 길음 뉴타운이다.

장이 시도한 뉴타운정책은 그러나 시범지구의 성공을 통하여 추후 새로운 뉴타운 지역을 지정하겠다는 당초 계획과는 달리 2003년 11월 12곳을 2차 뉴타운 지구로 새롭게 지정한 이후 2년이 지난 2005년부터 3년 동은 11곳이 다시 추가되어 26개 지구 245개 구역으로 급격하게 확대되었다.

서울시는 강남-북 지역격차를 해소하기 위하여 2002년 민선 3기를 맞아 시정운영 4개년계획(2002~2006)을 수립하여 강북 지역의 노후 불량주택지를 계획적으로 정부하는 뉴타운 사업을 도입하였다. 새로운 뉴타운정책의 추진을 위하여 이명박 시장은 서울시 정부 산하에 서울특별시 지역균형발전지원에 관한 조례를 설비하고 2005년 법률적 타당성을 확보하기 위한 "도시재정비촉진을위한특별법"을 제정하여 뉴타운 사업에 박차를 가하게 되었다.[41) 이명박 시장의 개발정책 지향은 2008년 4.9 총선에서 특히 뉴타운정책을 총선에서 유리한 선거공약으로 내세우려는 국회의원 후보들로 인하여 이명박 시장 이후 오세훈 시장의 뉴타운 사업은 서울시만의 문제가 아닌 복잡한 정치적 양상을 띠게 되었다.[42)

---

41) 뉴타운 사업의 추진전략은 1) 강북 지역의 입지특성을 고려한 친환경 주거지 조성, 2) 종합적·체계적·단계적 개발을 추진하되 거점지역을 전략적으로 개발, 3) 기반시설에 대한 공공부문의 투자를 확대하여 민간투자 활성화 유도, 4) 자치구와 지역주민의 자발적 참여 등 경쟁체제 도입 등이다(장남종·양재섭 2008).
42) 2008년 4월 9일 총선에서 뉴타운 공약을 내세운 당선자는 다음과 같다.

정당	당선자	내용
한나라당	신지호(도봉갑)	창 2, 3동 뉴타운 추가 지정
	홍정욱(노원병)	상계뉴타운 추진
	김효재(성북을)	장위-석관동 뉴타운 지정
	진성호(중랑을)	중화-묵-상봉동 뉴타운 개발

이명박 시장의 뉴타운정책은 시장선거 당시 서울의 불균형 시정이라는 공약을 통하여 정치적 지지를 이끌어 낸 이명박 시장의 정치적 목적이 강한 정책이라고 할 수 있다. 이를 통하여 이명박 시장의 임기가 끝나는 시기 기존 3개 시범지구의 결과에 따라 추가 지정을 하겠다는 기존의 약속을 깨고 전체 25개소에 달하는 신규 뉴타운 지구가 지정되었다. 따라서 강력한 개발의제를 가지고 있는 시장의 공약과 강-남북의 개발 불균형 해소라는 정책의제가 맞물려 주민들의 지지를 이끌어 낼 수 있었고 이후 뉴타운정책을 계승한 오세훈 시장의 개발정책과 함께 서울 도시개발 불균형을 심화시켰다는 비판이 제기되었다.

2) 오세훈 시장: 뉴타운정책의 재검토 시작

2006년 민선 4기 서울시장에 당선된 오세훈 시장은 이미 25개소로 확대 지정된 뉴타운의 추가 지정에 대해 추가 지정 확대를 둘러싼 '추가 뉴타운 지정 없다'[43]는 발언으로 뉴타운정책의 방향에 대한 혼선을 가져왔다. 기존 서울시장 후보로서의 오세훈 시장은 뉴타운

	정태근(성북갑)	정릉 뉴타운 추진
	강승규(마포갑)	규제 철폐로 뉴타운 추진
	장광근(동대문갑)	청량리-제기동 뉴타운 지정
	홍준표(동대문을)	장안-답십리 뉴타운 확대
	구상찬(강서갑)	화곡동 뉴타운 지정
	정몽준(동작을)	사당-상도-동작동 뉴타운 추진
	윤석용(강동을)	천호 뉴타운 신규 지정
민주당	최규식(강북을)	미아 뉴타운 추가 지정
	추미애(광진을)	자양 뉴타운 추진

43) 오세훈 시장은 19대 총선 전인 2008년 4월 14일 평화방송 라디오 프로그램에서 "부동산 가격이 불안정한 지금은 당분간 추가 선정을 고려하지 않을 것"이라고 확인하였다.

50개소 지정 공약을 내세웠지만 시장 당선 이후 추가 지정에 대한 갈등의 중앙에 서게 되었다. 오세훈 시장 재임 중 추가 지정된 것은 2006년 10월 균형발전촉진지구 1개소(세운), 2007년 4월 30일 뉴타운 1개소(창신-숭인)뿐이다.

오세훈 시장 재임 시기는 뉴타운 사업이 본격적으로 추진되는 과정으로 볼 수 있는데, 오 시장은 취임과 동시에 2006년 뉴타운사업본부를 균형발전본부로 개편하여 뉴타운 사업의 성격을 서울시 균형발전 사업으로 구체화하였다. 균형발전본부는 도심활성화기획관과 뉴타운사업기획관으로 구분하고 이후 2010년 주택 재개발이나 재건축, 뉴타운 등 주거 정비기능을 통합-추진하기 위하여 기존 균형발전본부의 뉴타운사업부문을 주택국에 통합하여 주택본부로 확대 개편하였다.

전임 시장인 이명박 시장의 임기 말 폭발적으로 증가한 신규 뉴타운 지정은 이후 새롭게 취임한 오세훈 시장의 뉴타운 신규 지정을 주저하게 만들었고, 2008년 총선 당시 뉴타운 추가 지정을 고려하지 않는다는 발언으로 뉴타운 지정을 총선공약으로 내세웠던 의원들과 긴장관계를 유지하게 되었다. 오세훈 시장 시기 뉴타운 사업은 비단 서울시에만 국한된 사업이 아닌 전국 단위로 확산되는 시기였고, 부동산 재개발에 따른 개발이익의 기대가 높아짐에 따라 지방자치단체장들이 적극적으로 뉴타운 사업에 뛰어들게 되었다. 그러나 오세훈 시장 임기 후반은 2008년 미국발 금융위기가 시작되었고 뉴타운 사업의 개발이익이 현실화되기 어렵다는 비판이 제기되었다.

오세훈 시장은 뉴타운정책의 부정적 효과에 대한 비난을 직접적으로 받는 주체가 되었기 때문에 전임 시장이었던 이명박 시장 시기보다 뉴타운 지정 및 집행에 관하여 소극적 자세를 취할 수밖에 없었고, 이에 따라 이명박 시장과 같은 "뉴타운정책 후광효과"를 얻지 못하였다. 따라서 오세훈 시장은 뉴타운 개발과 같은 개발정책을 유지하는 "개발주의적 접근"을 통한 강남북 불균형 해소보다는 디자인서울, 한강 르네상스 등과 같은 신규 도심개발정책으로 전환함으로써 기존의 뉴타운정책의 지속성에 의문을 제기하게 되었다.

2. 두 시장의 비교

이명박 시장과 오세훈 시장 시기 지속적으로 추진된 뉴타운정책은 도심재생을 통한 서울시의 경제적 불균형 완화책으로 추진되었다. 이를 통하여 즉각적인 서울시의 경제적 효과를 기대하기에는 어려울 정도로 짧은 시기였지만 정책을 계획하고 추진하였던 두 명의 시장은 개발정책을 통한 경제정책을 추진했다는 점에서 유사성이 있다. 이명박 시장 재임 시 야심차게 기획되었던 뉴타운정책은 개발과 즉각적 효과를 지향하는 시장의 적극적 정책 추진으로 법적 근거를 마련하였다는 긍정적 측면과 동시에 임기 말 지나치게 빠른 뉴타운 지구의 확장이 이후 오세훈 시장의 정책에 영향을 준 지속적 정책이었다.

그러나 이명박 시장 시기 뉴타운정책은 명확한 정책 방향의 제시보다는 "뉴타운 지정"을 통한 정치적 효과에 더욱 주목하는 모습이었고, 이후 본격적인 정책 실현 단계였던 오세훈 시장 시기의 뉴타운정책은 실질적으로 초기 낙관적인 개발수익 효과 및 경제 상황 개선이라는 부분에서 제한성을 드러냈다. 동시에 오세훈 시장의 경우 전임 시장의 뉴타운정책을 확대하기보다 기존 정책의 재검토를 통한 유지에 중점을 두고, 본인의 역점 사업이었던 한강 르네상스 등의 신개발정책에 박차를 가하였다.

이명박 시장과 오세훈 시장 모두 개발정책을 통한 서울시의 경제개발 및 불균형 완화를 추구하였으나 뉴타운정책으로 대변되었던 서울시의 개발정책은 실질적으로 서울시의 경제 불균형, 특히 강-남북의 불균형 개발을 해소하는 데 사실상 실패하였다. 뉴타운정책은 양 시장의 임기 동안 서울시의 시정이 개발정책에서 새로운 정책 방향으로 전환하는 데 영향을 주기보다는 기존 서울시가 유지하고 있었던 개발정책의 심화 및 지속이라는 측면에서 추진한 정책으로 판단할 수 있다. 따라서 개발정책 성향의 두 시장 모두 서울시의 경제발전 및 강-남북 불균형의 해소 방식으로 뉴타운정책을 추진하였으나, 이 정책을 뒷받침할 수 있는 지속적인 개발 드라이브를 만들어내지 못한 한계가 있다.

이명박 시장의 경우 임기 내 청계천 복원사업이라는 정책을 성공리에 마무리하게 됨으로써 다음 정책이었던 뉴타운정책의 공격적 추진이 정치적으로 긍정적 효과를 가져올 수 있었다. 따라서 실질적으로 뉴타운정책의 추진 및 설계 단계였던 이명박 시장은 개발정책의 청사진을 다시 한번 제시함으로써 본인이 지속적으로 보여주었던 개발 지향적 리더십을 확인해주었다. 이와 비교하여 오세훈 시장의 경우 뉴타운정책의 실질적 집행기에 임기를 시작하게 되었고, 이미 뉴타운정책의 문제점들이 나타나게 됨으로써 뉴타운정책을 적극적으로 확산하여 개발 지향적 리더십을 보이기 어려운 환경에 처해졌다.

IV. 결론

　　본 장에서는 미국과 한국 시장의 개발성향이 시의 경제정책 방향에 미치는 영향을 살펴보았다. 우선 미국의 경우 도시정부의 자율성이 상대적으로 높은 연방제 내에서 경제 불평등을 완화하고자 하였던 연방정부의 도시정책이 시장의 개발지향 성향과 맞물려 시의 개발정책에 영향을 주었음을 신연방제도 내의 도시정책이었던 EZ 프로그램과 디트로이트 시 사례를 들어 확인할 수 있었다. 미국의 신연방제는 하위정부의 자율권의 일반적 향상과 연방정부의 재정악화를 타개하기 위한 제도였다. 이를 통하여 많은 도시들이 1960년대 향유하던 연방정부의 지원금 축소로 인하여 심각한 재정 악화를 경험하였다. 특히 레이건의 신연방제도 내에서 주정부는 과거 연방정부가 담당하던 복지 등의 새로운 재정부담을 안게 되면서 주와 도시정부 모두 재정 악화를 경험하였다. 이런 과정에서 1990년대 실시된 클린턴 행정부의 도심부흥지역(EZ) 프로그램은 기존의 위대한 사회 프로그램과 레이건과 부시 행정부에서 추구했던 시장경제 중심의 사회 문제 해결 접근방식인 주정부 주도의 부흥지역 프로그램의 혼합체로 제안된 연방도시 보조정책이었다.

　　연방정부의 도시정책은 디트로이트 경제를 규정짓는 주요한 두 시기의 시장이었던 콜먼 영과 데니스 아처의 성장중심정책 속에서 디트로이트의 경제적 이슈를 해결하기 위한 시장의 주요 정치적 재원이 되었다. 콜먼 영 시장 재임 시 다양한 연방정부의 재정보조금정책은 디트로이트 시의 경제 환경을 완화하는 데 도움을 준 동시에 시장의 연방보조금에 의존한 성장중심 도시정책 방향을 공고화함으로써 오히려 도시의 경제적 불평등 및 경제침체의 요인으로 작용하였다.

또한 콜먼 영의 연방보조금 중심의 성장정책은 이후 재정보조금의 삭감 및 보조금의 정책적 배분 문제로 기존의 흑-백 성장연합을 와해시키는 계기가 되었다. 콜먼 영 이후 데니스 아처의 1990년대 성장중심 도시정책은 EZ 보조금을 기존 신연방제의 심화로 삭감된 복지정책에 활용함으로써 일시적인 디트로이트 시의 경제 불평등의 완화를 제공한 측면이 있다. 그러나 지속적인 도시 내 경제재생에 대한 기대효과가 나타나지 않음으로써 여전히 연방정부 보조금에 대한 지나친 의존으로 인하여 2000년대 디트로이트의 장기적 경제침체 및 불평등의 심화에 영향을 주었다.

서울시가 이명박 시장 시기부터 추진해 온 뉴타운정책은 강-남북의 불균형을 해소하기 위한 도시정책이었고, 이는 이후 오세훈 시장으로 이어지는 서울시의 개발정책 방향을 잘 보여주는 사례였다. 이명박 시장은 뉴타운이라는 새로운 도시정책을 제안함으로써 기존의 개발정책보다 더욱 적극적인 개발정책으로 서울시의 경제 및 불균형 상황을 대응하기 위한 본인의 리더십을 보여주었다.

이와 비교하여 유사한 개발정책 지향이라는 평가를 받고 있는 오세훈 시장의 경우 전임 시장으로부터 시작된 뉴타운정책의 확대를 추진하기보다 기존 정책의 유지 및 본인의 "정책"으로서의 새로운 개발정책인 한강 르네상스에 더욱 심혈을 기울이는 모습을 보였다. 이를 통하여 서울시의 경제 불균형, 특히 강-남북의 불균형 발전의 해소정책의 일환으로 실시된 뉴타운정책은 실질적으로 정책 집행 및 심화단계에서 후임 시장의 적극적 지지를 받지 못하게 되었고, 그 결과 이후 박원순 시장 당선 이후 이른바 "뉴타운 출구전략"을 통하여 정책의 제한성을 드러내었다.

궁극적으로, 서울시 경제정책 방향은 시장의 적극적 리더십 방향에 따라 정책의 연속성보다 단절을 경험하는 경우가 일반적이며, 서울시 경제 불균형, 특히 강-남북 간의 불균형 발전에 대한 정책은 시장의 정책 방향과 밀접한 관계가 있다. 뉴타운정책은 서울시 시장의 정책 방향이 개발이라는 정책 방향으로 수렴되는 것은 현실이지만 이를 추진하는 시장의 의지 또한 서로 다른 정책적 결과물을 생산하는 중요한 요소가 될 수 있음을 시사한다.

참고문헌

김영단·최근희·임성은. 2014. "서울시 뉴타운정책변동의 유형학적 특성분석: 서울시장(정책리더)을 중심으로." 『한국행정연구』 23(2).

김진애. 2005. "서울시 뉴타운은 '도시정책'이 아니라 '개발사업'이 되어버렸다." 『인물과 사상』 88.

대한국토도시계획학회. 1998. 『도시계획론』.

손병권·이옥연. 2004. "미국과 캐나다의 연방제도 비교연구: 건국과정과 헌법을 중심으로." 『국제정치논총』 제44집 4호. 319-339.

유기현·최근희. 2014. "사비치(Savitch)의 도시유형론 관점에서 본 서울시 뉴타운 개발사업에 대한 정책적 함의." 『한국지역개발학회지』 26(5).

유은정. 2010. "미국의 연방주의와 지방자체제도: 우리나라 지방자치 및 지방분권이행 과정에의 시사점." 『공법학연구』 제11권 제3호. 235-274.

이승주·이정형. 2006. "도시재정비 촉진을 위한 특별법 제정에 따른 서울시 뉴타운사업의 발전방안 연구." 서울연구원 정책과제연구보고서.

이왕건. 2008. "뉴타운사업 추진현황과 발전방향: 지방도시 재생추진에 있어서 기본방향." 국토정책 Brief.

장남종·양재섭·권미리·김광중·남 진·박환용·신중진·이승주·이송직. 2008. "서울시 뉴타운사업의 추진실태와 개선과제." 서울연구원 정책과제연구보고서.

조승화. 2008. "뉴타운과 서울시 도시개발정책의 문제점." 『사회운동』 통권 83호.

최상철 외. 1981. 『한국도시개발론』. 일지사.

최선근. 1995. "미국의 연방제도와 경제적 경쟁력." 『한국정치학회보』 제28권 제2호. 727-746.

황용주. 1983. 『도시계획원론』. 녹원출판사.

Amin, Ash, and Stephen Graham. 1997. "The ordinary city." *Transaction of the Institute of British Geographer* 22, No.4. 411-429.

Brenner, Neil, Peter Marcuse, and Margit Mayer. 2009. "Cities for people, not for profit." *City* 13, No.2. 176-184.

Cox, Kevin R. 1995. "Globalisation, competition and the politics of local economic development." *Urban Studies* 32, No.2. 213-224.

DiGaetano, Alan, and John S. Klemanski. 1999. *Power and City Governance: Comparative Perspectives on Urban Development.* Minneapolis: University of Minnesota Press.

DiGaetano, Alan, and Paul Lawless. 1999. "Urban governance and industrial decline: governing structures and policy agendas in Birmingham and Sheffield, England and Detroit, Michigan 1980-1987." *Urban Affairs Review* 34. 546-577.

Dreussi, Amy Shriver, and Peter Leahy. 2000. "Urban Development Action Grants Revisited." *Review of Policy Research* 17, No.2-3. 120-137.

Fainstein, Susan S., and Ann R. Markusen. 1994. *Urban Policy: Bridging the Social Economic Development Gap.* New Jersey: Center for Urban Policy Research.

Feldman, M., A. Marshall, and Richard Florida. 1990. "Economic Re-
structuring and the Changing Role of the State in U.S. Housing."
W. Van Vlet and J. Van Weesep, eds. *Government and Housing:*
Developments in Seven Countries, 25-31. Newbury Park: Sage.

Florida, Richard, and Andrew Jonas. 1991. "U.S. Urban Policy: The Postwar
State and Capitalist Regulation." *Antipode* 23, No.4. 349-384.

Friedan, Bernard J., and Marshall Kaplan. 1975. *The Politics of Neglect:*
Urban Aid from Model Cities to Revenue Sharing. Cambridge:
MIT Press.

Harrigan, John J., and Ronald K. Vogel. 2003. *Political Change in the*
Metropolis. 7th ed. New York: Routledge.

Harvey, David. W. 1985. *The Urbanization of Capital: Studies in the Hi-*
story and Theory of Capitalist Urbanization. Baltimore: The Johns
Hopkins University Press.

_____. 1989. "From Managerialism to Entrepreneurialism: The Trans-
formation of Urban Governance in Late Capitalism." *Geografiska*
Annaler 71. 3-17.

Holcomb, H. Briavel, and Robert A. Beauregard. 1981. *Revitalizing Cities.*
Resource Publications in Geography. Washington D.C.: Asso-
ciation of American Geographers, Resource Publications in Geo-
graphy.

International Economic Development Council. 2008. *Forty Years of Urban*
Economic Development: A Retrospective.

Jacobs, Andrews. J. 2003. "Embedded autonomy and uneven metropolitan
development: A comparison of the Detroit and Nagoya auto
regions, 1969-2000." *Urban Studies* 40, No.2. 335-360.

_____. 2004. "Inter-Local Relations and Divergent Growth: The Detroit and Tokai Auto Regions, 1969 to 1996." *Journal of Urban Affairs* 26, No.4. 479-504.

King, Desmond. 1988. "Sources of Local Finance in the United States." Ronan Paddison and Stephen Bailey, eds. *Local Government Finance: International Perspectives*, 84-115. New York: Routledge, Capman and Hall, Inc.

Kubler, Daniel, and Jolita Piliutyte. 2007. "Intergovernmental relations and international urban strategies: constraints and opportunities in multilevel polities." *Environment and Planning C: Government and Policy* 25, No.3. 357-373.

Ladd, Helen F., and John Yinger. 1989. *America's Ailing Cities: Fiscal Health and the Design of Urban Policy.* Baltimore: Johns Hopkins University Press.

Living Cities: The National Community Development Initiative. 2003. Detroit in focus: A profile from Census 2000. The Brookings Institution Center on Urban and Metropolitan Policy. http://www.brookings.edu/~/media/Files/rc/reports/2003/11_livingcities_Detroit/detroit.pdf

Molotch, H. L. 1976. "The City as a Growth Machine: Toward a Political Economy of Place." *American Journal of Sociology* 82. 309-330.

Moore, Stephan, and Dean Stansel. 1993. "The Myth of America's Under-funded Cities(02/22/1993)."

Peterson, Paul E. 1981. *City Limits.* Chicago: University of Chicago Press.

Sassen, Saskia. 2000. *Cities in a World Economy* (2nd ed). Thousand Oaks: Pine Forge Press.

Sellers, Jefferey M. 2002a. *Governing from Below: Urban Regions and the Global Economy.* New York: Cambridge UP.

_____. 2002b. "The nation-state and urban governance: Toward multilevel analysis." *Urban Affairs Review* 37. 611-641.

The Brookings Institution. 2006. *The Vital Center: A Federal-State Compact to Renew the Great Lakes Region.* Rep. Washington D.C.: The Brookings Institution.

U.S. Census Bureau. 1992. "Federal, state and local governments."

_____. 1997a. Economic census.

_____. 1997b. "Federal, state and local governments."

_____. 2002a. Economic census.

_____. 2002b. "Federal, state and local governments." http://www.census. gov/govs

_____. 2007. Economic census. http://www.census.gov/econ

_____. 2008. "Section 8: State and Local Government Finances and Employment." Statistical Abstract of the United States. http://www. census.gov/compendia/stateb/tables/09s0414.xls(검색일: 2015. 12.1).

HUD, Department of Housing and Urban Development, Community Planning and Development, http://www5.hud.gov/urban/perms/ perms.asp

http://urban.seoul.go.kr/4DUPIS/sub2/sub2_3.jsp
http://www.cato.org/pub_display/php?pub_id=1048(검색일: 2015.8.2).
http://www.seoul.go.kr/v2012/seoul/mayor_his/mayor.html

/ ㄱ /

불평등과 재분배의 정치학

❖ 장승진

현재 국민대학교 정치외교학과 부교수로 재직 중이다.

서울대학교 외교학과를 졸업한 후 미국 Columbia University에서 정치학 박사학위를 취득했다. 선거, 여론, 정당 등 유권자의 정치행태 및 정치과정의 다양한 분야와 함께 이민 및 인종정치에 대한 연구를 진행하고 있다.

최근 논문으로 "제20대 총선의 투표선택: 회고적 투표와 세 가지 심판론"(『한국정치학회보』, 2016), "체제전환 이후 공산당 계승정당에 대한 지지: 동유럽 비세그라드(Visegrád) 4국 사례를 중심으로"(『현대정치연구』, 2016), "인종적(ethnic) 정체성과 정치적 정체성의 만남: 아시아계 미국인들의 정당일체감"(『한국정당학회보』, 2015), "한국 유권자의 정당일체감과 투표행태: 정당 편향 유권자(partisan leaners)의 특성과 투표선택을 중심으로"(『한국정치연구』, 2015) 등이 있다.

❖ 서정건

현재 경희대학교 정치외교학과 부교수로 재직 중이다.
서울대학교 정치학과를 졸업한 후 미국 텍사스 주립대(Austin)에서 미국 정당과 의회 정치, 미국 외교정책 연구로 정치학 박사학위를 받았다.
미국 노스캐롤라이나 주립대(윌밍턴) 정치학과 교수를 거쳤다.
주요 논문으로는 "Legislative Response to Constituents' Interests in New Democracies: The 18th National Assembly and Income Inequality in Korea"(*Government and Opposition*, 게재 예정), "Security Ties or Electoral Connections? — The US Congress and the Korea-US Free Trade Agreement, 2007-2011"(*International Relations of the Asia-Pacific*, 제15권 2호, 2015), "Wedge Issue Dynamics and Party Position Shifts: Chinese Exclusion Debates in the post-Reconstruction U.S. Congress, 1879-1882"(*Party Politics*, 제17권 6호, 2011) 등이 있고, *Political Science Quarterly, American Politics Research, Journal of Legislative Studies, Journal of American Studies, Korean Journal of Defense Analysis, Asian Perspective* 등에도 논문을 발표하였다.